去波斯湾看海

北京上河卓远文化传播有限公司 出品

去波斯湾看海

孟晖 著

河南大学出版社
HENAN UNIVERSITY PRESS

图书在版编目（CIP）数据

去波斯湾看海/孟晖著. — 郑州：河南大学出版社，2015.4
ISBN 978-7-5649-1466-0

Ⅰ.①去… Ⅱ.①孟… Ⅲ.①随笔—作品集—中国—当代 Ⅳ.①I276.1

中国版本图书馆CIP数据核字（2014）第067608号

去波斯湾看海

著　者	孟　晖
责任编辑	王　慧　谭　笑
封面设计	周伟伟

出　版　河南大学出版社
地　址　郑州市郑东新区商务外环中华大厦2401号　邮编：450046
电　话　0371-86059701（营销部）　网址：www.hupress.com
制　作　北京百川东汇文化传播有限公司
印　刷　河南省瑞光印务股份有限公司
版　次　2015年4月第1版　　　　　印　次　2015年4月第1次印刷
开　本　889mm×1194mm　1/32　　印　张　8.25
字　数　158千字　　　　　　　　　定　价　28.00元

版权所有，侵权必究
（本书如有印装质量问题，请与河南大学出版社营销部联系调换）

目录

1 暴走锡耶纳

6 拉穆岛的时空

13 去波斯湾看海

18 迪拜闻香忆宋朝

23 随喜罗摩利寺

27 有故事的酒店

30 再续波斯前缘

37 驿站夜色里的误会

45 人以言分?

49 守着宝藏闹饥荒

52 穿越里斯本的时光

58 科英布拉的魔法时空

74 西游人巧遇东游记

78	吉马良斯的奇遇
84	布拉加的圣骨崇拜
90	波尔图的高级料理
100	葡萄牙美味五题
125	志莲净苑的冲淡午后
129	懒人的旅游方式
132	赶早不如赶巧
135	海报里的美好年代
139	巴黎女人不会老
145	人是一己欲念的俘虏
153	看巴尔扎克写"小三"
159	温习斯万的原型
166	小说写作的范本
172	璀璨莫过钱德勒
176	认识心灵的历史局限
179	应该的真诚
182	寄望中产阶级？
187	理解他人的努力

191　暗战引发的明火

197　梦迷孟加拉湾

203　人类智慧的恋人

208　往昔的技术是那么美丽

214　海明威的战友

218　穿越到歌德的世界

221　拉斐尔的容颜之谜

226　以瓷为鉴观兴亡

231　以凯文·斯派西之名

235　同人写作众乐乐

240　未可忽视的留学潮

244　电视剧的衍生生意

247　卡塔尔的宫斗剧

暴走锡耶纳

我承认，我在意大利说得最多的、也是最完整的一句是——"Dove è la bagno？"（洗手间在哪儿？）

一下飞机吃晚饭，在罗马郊区的社区小馆里，我就用这句话把做侍应生的当地小伙子给唬了。更让人吃惊的还在后头——他用意大利语说明"下楼梯，往左转"，我居然听懂了！都说西班牙语与意大利语相近，怪道呢。

可惜菜一上来就露了馅。小伙子过来问："Va bene？Va bene？"我眨着眼发呆。小伙子这才明白我的虚张声势，只好改问："It's good？"

我才一下想起《速成意大利语》里第二课还是第三课上有这句，赶紧回答："Va bene！Va bene！"（好，好！）

接下来的几天，我发现基本上"Dove è la bagno？"这一句就够用了。回答也无非直走、左拐、右拐、上楼梯、下楼梯几种可能，所以每次都顺利找到目的地。

但我出发前还是留了个心眼，八块钱买了一本巨有趣的书《意大利语应急口语通》，巴掌大的小册子把最可能用到的交流语句都用汉字标出发音来。打从在北京机场候机开始，这本小书就给同行的伙伴们带来了无穷的欢笑，轮流拿着它学习如何去意大利银行开户头，或者找警察报警。

这搞笑的书还真派上了用场。出了锡耶纳火车站，只见一派山光秀色，传说中的美丽古城不知在哪里。公共汽车站等车的都是当地的大叔大婶。一路上的意大利人都能说英语的，但这群大叔大婶样子那么淳朴，让人缺乏用英语问路的勇气。情急之下我翻出了那宝贝书，找到一个句式，自己组合了一下，冲向最近的大婶："高梅包搜安达拉啊乐泼拉萨得钢包？"（我怎样才能到达场院广场？）

大婶居然听懂啦！更大的奇迹在于，我还听懂了她的回答，说是沿着山路往上走，就一刻钟的路，没直达车。

这一趟暴走亚平宁，给人最大的印象，就是意大利人的朴实。旅游业发达了这么多年，好像并没有影响当地人的善良心地。在锡耶纳，一路上当地人看我们这一小撮异乡游客腿脚好，样子还年轻，都劝我们走到古城。甚至在我们跳上一辆公共汽车后，司机和乘客一起说明，这车不到那广场，车站离广场还有五分钟，走也没多远，不值得坐车。生生替我们省了乘车钱。

不过这古城人的距离感和时间感似乎也比较传统，沿山路走上古城的过程，老让我想起大一实习时去看巩县石窟的经历——每次问迎面过来的路人，都告诉我们："不远，也就一里地。"结果这"一里地"的路程让我们一帮大学生至少走出去七八里，中间还渡过了洛河。在锡耶纳，"一刻钟"的路程则让我们几个足足暴走了至少一小时，还不包括中间被一双靴子诱惑住停下来购物的过程。

而且，在归程上，当地人绞尽脑汁，还是想不出有任何直达火车站的公共交通，唯一的对策就是建议我们调动两条腿。结果这一通暴走，大家心慌慌的，生怕赶不上2点半那趟火车，耽误了天黑前赶到威尼斯的计划。（回来路上经过买靴子的那家鞋店，发现关了门。同伴笑道："今天生意已经开张了，大叔肯定特满意，现在吃午饭喝葡萄酒享受生活去了。"另一个笑道："一下卖出两双，说不定算超额完成任务，把明天的生意都做了，估计明天都不用开门了。"）

中国人的旅游就是按小时计算的啊！美丽小城的幸运居民们哪能理解世上还有这么着急忙慌的生存方式！

结果，在终于跑到了场院广场之后，对着不远处那美丽的、去年刚刚修复完毕重新开放的、彩石镶嵌的大教堂，只能眼巴巴看着，却没时间冲过去看。从大一时就听说的锡耶纳画派大师的画作，也就仍然停留在想望中。

不过补偿的是，我那本还在使用里拉的年代就已出世的旅游书上推荐的那家老馆，仍然安在。在同伴们勇敢地按图索骥寻找这家餐馆的时候，按照中国的经验，我心里

作者在飞往罗马的飞机上做学习《速成意大利语》状。

作者下飞机后当晚在罗马餐馆里做阅读《共和报》状。

直犯嘀咕。从里拉到欧元,时光荏苒啊!结果老馆的菜仍然好吃,价格仍然公道,侍者仍然热情友好,仍然不容易听见食客的招呼,也仍然爱长久站在食客就餐的大棚外聊天,看不见顾客要结账的手势。

中间,照例的,Dove è la bagno?站在棚外抽烟聊天正高兴的侍者大哥回答:进餐厅,右转,再左转。

我顺利找到了目的地,欣赏了与别处不一样的马桶和洗手池(在意大利,我就没看到过两个样式相同的马桶和洗手池,这回算明白了什么叫意大利设计),走出门,一抬头,哇!我就站在中世纪的拱顶下!啊,啊,啊,从大学时代就在画片上学习的石头拱啊!那好像叫什么帆拱的中世纪石匠的巧妙发明,现在,触手可及,就在一个卫生间的门外!

我静静站了一会,独自品味着这不知是初见还是重逢的激动,不清楚是悲还是喜。

拉穆岛的时空

最终我也没搞明白拉穆岛(Lamu Island)究竟有三辆汽车还是两辆汽车。也许关键在于是否将那辆驴子专用的救护车计算在内?

缘分这东西就是神奇。听我和女友嚷嚷非要看非洲风格的伊斯兰建筑,熟悉当地情况的华商朋友便一杆子把我们支到了拉穆这个昔日的印度洋商贸要港、如今的旅游胜地。这座小岛面积并不大,属于非洲东部著名的旅游国度——肯尼亚的领土,位于肯尼亚面向印度洋的海岸线上。岛中心数百年历史的拉穆镇亦称"石头城",幢幢外观固如磐石、内部却幽美秀静的平顶小楼之间夹以窄直行道,纵横如迷宫,却又四通八达,因为保留着二百年前传统城镇的风貌,被列为联合国人类物质文化遗产。

不过,传统仅仅是其吸引来客的优势之一。岛北部绵延数公里的黄金沙滩,与欧洲相对接近的地理位置,都让欧洲人——尤其是有点文化趣味的欧洲人——把这里视作度假天堂。设计师、电影人等风雅人士纷纷来岛上收购老宅，加以推陈出新，作为躲避尘嚣的私人别墅。岛东端的谢拉（Shella）村便有摩纳哥公主卡洛琳的三栋宅邸。实际上，无论东端的谢拉村还是岛中心的拉穆镇，在旅游的刺激下，诸多古宅被翻新成既保持传统特色又带现代化设施的酒店或"民宿旅馆"（guest house），一些由欧洲人经营，一些为本地人经营，几乎家家整洁舒适，且饶有本地风味。

有意思的是拉穆岛的旅游业似乎有意保持精英路线，无意整成大众旅游——反正小岛既没有桥梁与大陆相连，也没有建立大航空公司的航线。想要上岛，得先设法到达肯尼亚首都内罗毕，找到一个单设的小机场，乘坐只有十来个座位

谢拉村一家民宿旅馆的内部，作者与闺友们在此偶然停留小憩。（童芳摄）

正在升帆的当地小伙子。（童芳摄）

的小飞机，飞抵——不是岛上，而是与小岛隔水相望的——一个小机场。好在如今肯尼亚也有华人旅行社，可以代为联络相关事宜，帮我们搞定了机票及各种细节，于是我们只要负责找对机场并按时抵达即可。推荐我们来拉穆玩的那位朋友还吓唬说：降落的那个小飞机场根本没跑道，直接落在草地上！而我们一行闺友顺利落地后兴高采烈地发短信告诉那位朋友：如今已经有跑道啦！然后就开了眼：乘客的行李当即从飞机屁股里卸下来，装上由当地人推行的板车。我们就和那几辆板车一起出机场，到达机场外的港口，乘上渔船，然后才终于得以脚沾这座名岛的温柔细沙。

和平之屋旅馆内，墙壁上依照传统形式排列着多层壁龛，龛内陈列青花瓷器。（童芳摄）

至于小岛之上，为了保护传统与环境，也为了迎合游客，始终拒绝引入现代交通工具，人与物的移动一靠渔船（沿岸航行或出海），二靠驴子（穿行岛内）。于是，在谢拉村人气很旺的"和平之屋"民宿旅馆[1]（Baitil Aman Guest House）的露天餐座，每晚都要安排一位老人拿根长棍坐在附近，随时驱赶"下班"以后四处闲逛的小驴。

在这样桃源似的气氛中与朋友共用晚餐，没想到，居然迎面偶遇中国的一叶昨天。本来只是要上洗手间，一入旅馆

---

[1] P.O.Box 179-80500，http：//www.baitilaman.com.

内部，立刻被典型本岛风格的空间布局与精雅装修迷住，接着赫然发现，墙上玲珑小龛里陈列着一件又一件中国民窑青花瓷器！你究竟有多辽阔，我的中国！

多年前就在法国杂志上读到一篇文章，批评欧洲殖民者把非洲描成"黑暗大陆"的说法，文章指出，由于印度洋贸易的发达，非洲东海岸早已星列着一系列繁荣的城镇。拉穆岛上的拉穆镇正是其中之一，季风年年带来波斯、阿拉伯、印度甚至中国的商船，然后又将它们吹送回故国。于是，远来的陶瓷、丝绸、珠子、家具、珍宝与非洲内陆的象牙、犀角、奴隶、乌木以及沿海出产的贝壳等，都在这座商港换手。

拉穆镇早在 15 世纪即达到巅峰。16 世纪一度被葡萄牙人占据，但 17 世纪下半叶阿曼苏丹把他们赶走，从此拉穆一直在苏丹治下，也继续享受着商业与文化的繁荣。直到 19 世纪末，这里才短暂地沦为英国殖民地，如今则是镶在肯尼亚海岸线上的一颗明珠。不过，早在 19 世纪初，附近的蒙博萨以深水港的优势夺走了拉穆的商港地位，拉穆及其周围诸岛便沦为被世界遗忘的角落。却也因此，这一带基本未受现代化惊扰，到了 20 世纪下半叶，因为其丰饶而古朴的传统风尚重新惹来瞩目。至 2001 年，岛中心的拉穆镇列入联合国世界文化遗产，更加催动了旅游业的兴旺，如今旅游业已成为当地居民主要的生活来源。

历史决定了拉穆的生活与文化焕发多种文明融合之后的七宝彩光。这里的斯瓦希里人乃是非洲黑人与外来人通婚而成的后裔，所说的斯瓦希里语明显受到阿拉伯语与波斯语影响。他们是最虔诚的穆斯林，已婚女性都要黑巾罩面、只露一双眼睛，却保留着母系社会的遗风，采取女婿入赘的婚姻制度。婚礼上人们唱跳阿拉伯风的乐舞，新娘的手脚上画满印度式的吉祥花草，华服缀饰着由波斯传来的茉莉花的花环……

婚礼中的"中国元素"则是世代珍藏的青花瓷器。17—19世纪由商船踏浪万里运送至此的中国瓷制品，平时会被家庭主妇们郑重陈列在各居室正墙上的成列小龛中，唯有婚

谢拉村一隅俯瞰。（童芳摄）

礼、为新生儿庆生、丧礼等隆重场合才使用，因为这些瓷器不仅是社会地位的象征，而且在当地人心目中具有魔力，能够迎福招祥。在距拉穆不远的其他岛屿，人们甚至会把中国青花大盘嵌在尊贵者的墓冢上，以此昭示其不凡身份。秘密显然在于，这些外销瓷特意迎合了伊斯兰世界的观念，所饰青花纹往往呈现花草禽鱼的活泼形态却又接近抽象，依稀略似伊斯兰书法的神韵，这就使得当地人相信这些纹饰象征特殊的寓意。初见拉穆的青花壶碗，种种纹样竟那么眼生，逼得我颇辨认了一会儿才敢确信它们终究是中国产品。外销瓷催发出如此的创造活力，这无疑是值得研究的一项史迹。

岛上人一听说我们来自中国，便会向我们提及"Shanga"（上家），说往昔有遭遇沉船的中国水手留居在那里，他们的后裔"和你们长得一样"。在纪念郑和下西洋五百年之际，"上家"的史事曾经轰动一时。然而，拉穆岛上至今被珍惜地摆设在壁龛里的明清青花瓷器显示，中国文明波及非洲东海岸的历史绵长悠久，远非一时一事可以代表。在这一方面，倒是西方学者的研究远比我们出色。

性情温和、不卑不亢的岛上居民在得知我们的来历之前，往往会用日语打招呼，询问我们是否要吃"寿司"。我告诉他们，一定会有越来越多的中国人到来。

去波斯湾看海

为了看海而去三亚挨宰的都属死心眼。乘 8 个小时的飞机到迪拜，波斯湾绿如翠玉，让人惊悟"鲜艳"一词原来可以用于形容水的颜色！

其实去年底当我和闺密于凌晨两点推着行李车步出迪拜机场海关的一刻，倒是做足了忍痛破费一笔的心理准备。在非洲玩了十天之后，我俩按计划趁归途之便逗留迪拜一日，然而由于网购失误居然没装备任何旅游指南书，也未能通过旅行社预订酒店，凌晨时的大脑又不可能灵光。如此的盲游客岂不就是自己撞上门的兔子？

结果，刚到机场特设的酒店代订处，便有一家酒店的中介人员殷勤上来招呼。此君明码收费 35 美元佣金即帮我们处理好订房事项，过程中主动给予了大幅优惠折扣——关于此事他只是在推着行李车引我们走向出租车站时才告知了一下。他照看我们上车，并提示酒店距机场只有 7 分钟的路程，真算服务周到。隔天上午结账时发现，在这家叫

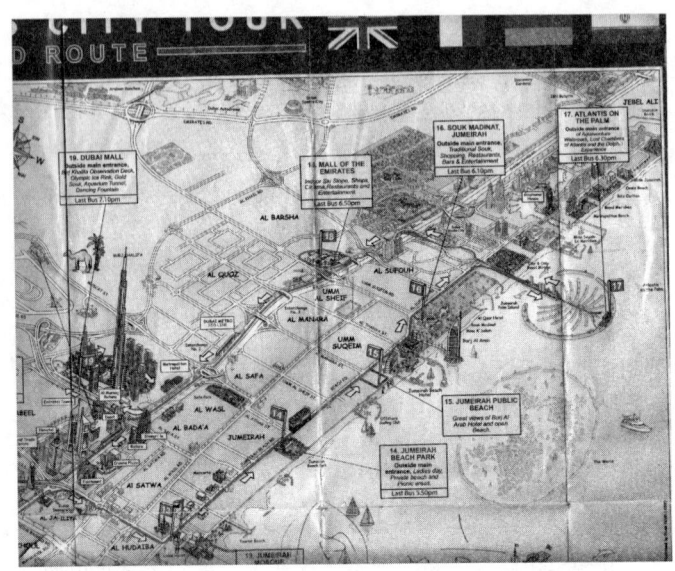

随一日游通票附赠的旅游地图（局部），图中标号"17"之处即为屹立棕榈岛尽头的阿特兰蒂斯大酒店。

Rotana[1]的公寓式酒店（备有灶台，客官可以自己起火造饭）的开销居然一共只有384美元。其中还包含两顿可以大吃鹰嘴豆泥的丰盛早餐呢！

且说才把行李放落在酒店房间里，女友就急着向帮我们搬行李的服务生打听，如果包出租车是什么价码？回答是35美元一小时。但服务生立刻又建议，不如乘旅游巴士方便划算，在酒店前台就能买票。于是我们倒头一觉又饱餐早饭之后，到前台买了一日游通票——两人同买也给优惠，共125美

---

[1] P.O. Box 30880, http://www.rotana.com/.

元——轻松步行到旅游巴士总站,就此体验到,凭着一张巴士通票真的可以便捷地到达旅游图上每一个重要景点——旅游图也是随票附赠的。

在宛然人间奇迹的棕榈岛的尽头,我们决定到宏伟的亚特兰蒂斯酒店里喝个下午茶,结果咖啡厅里的价位再一次让我惊倒——一壶胡椒薄荷茶不到70元人民币。这里可是旅游图上都着重推荐的地标式景点呀!香山镜心斋一壶茶得多少钱知道不?

要说在迪拜会感到压力,那是缘于当地商家都认为中国人特有钱。金街珠宝店的店员会用汉语说"美金"和"钻石"!我俩偶然停在一家珠宝店的橱窗前议论戒指的设计款式,就听头顶有人用英语招呼:"进来进来,我单拿出来给你们看!"这位气质斯文的店员说着就把我们正用手指点的那只钻戒取了出来,逼得咱不得不进店。人家就介绍,这戒指上有多少白钻、多少黑钻、多少灰钻,一共7克拉,"才"5500"美金",可实惠!好在女友见过世面,爽快回答道:"Ok, tomorrow! I'll bring my husband come to buy!"我也帮腔说,她丈夫会来帮她买,明天!店员君很幽默:换你先生来买我可就要开6500美元的价啦,此刻果断买才便宜!我俩以女友那无中生有的丈夫为盾牌且战且退,好不容易全身而撤。人家最终仍很殷勤的在名片上写上自己的名字,嘱咐女友明天一定把丈夫带来,好货不容错过。

在一家名叫"玫瑰谷"的小香店，则是换成我遭到年轻店主推销天然沉香，说给我优惠，27美元一盎司。然而到底我只花10美元买了一盒叫作"大公香"的合香制品，人家也仍然笑嘻嘻。迪拜的物价未如想象那般高腾，诚然多半因为2008年经济危机以来此地旅游业深受拖累。不过，在生意量下降、价格普跌情况下，仍然服务周到，尤其是不宰客，显然得归因于当地人做生意的理念，归因于当局督管有方。实际上，我事后颇怨恨香店店主太实诚，非强调"大公香"的归宿必须是焚于香炉中，使得我因怕麻烦而只买了一盒作为纪念。回家后却发现这物美价廉的香品气息甜暖浓郁，衣橱内随便吊挂一小条，便持久地艳芳习习。假如店主当初忽悠我说这东西百用百成，我就会多买几盒回来送闺友了好不好！

意外的"迪拜省钱一日游"甚至有个完整的结局：当晚我们在酒店附近的大型购物中心里找餐馆，却意外闯到了一处类似"大食代"的快餐区，疲累之下不想再转，便高高兴兴吃了顿黎巴嫩风味的快餐。就餐时，邻座一位中东人面貌的年轻女郎请我帮她拍照留念。看得出来，她刚刚购买了个名牌包，此刻又面对一份不常能吃到的中餐，很为自己独立自由享受人生的这一刻而愉快。于是我会意地把装有名牌包的购物袋与中式快餐都扩入镜头。

此位偶遇女郎与我、我的女友一样，作为孤身且非富有的女性仍然能感到放松、自在甚至享受,这大约最好地说明了迪拜旅游业的成功,也证明了迪拜与国际社会的接轨。一旦听说三亚宰客的丑闻,才觉悟到在迪拜经历的点点滴滴原来竟并非必然而然。咱国人也许做其他还好,反正搞旅游绝对惨状狼藉,因此不妨大家都去围观迪拜好榜样,休闲了自己,还观摩了先进。

迪拜闻香忆宋朝

这样说也许还是太夸张了:在号称疯狂奇迹的迪拜,我竟觉得自己依稀看到了宋人曾经享受的那类香品。

海水绿如翠玉一样的波斯湾,把迪拜的夜色润泽得晶澈透明。与闺友一起闲步金街,偶然闯入一家名叫"玫瑰谷"[1]的小香店,但见店中在沉香片等天然香料之外,尚有各种合香制品。年轻店主介绍说这里出售的合香制品都是他本人亲自调配而成,并向我力荐其中名为"阿拉伯大公"(Sheikh Al Arab)的一款。他忽悠我说,阿拉伯大公的夫人们都爱用这个香型!惹得我当即向女友笑道,那么不是可以叫"阆氏香"吗!

"阿拉伯大公"专为焚爇于香炉中,一根根乌色小香条潮润发黏,显然曾经置于成分复合的香泥或香液之中,经过

---

[1] Rose Valley Perfumes LLC, P.O. Box 3817, Murshid Bazar, Near Al Khayam Hotel, Deira, Dubai, U.A.E.

盛装阿拉伯大公香的玻璃瓶及外包装纸盒。

饱浸,裹上了温腻香型的外衣。我顿时心中一动:宋人香谱中那些经过多个环节仔细炮制的名香,难道不也该是这样?此刻,在小玻璃瓶中,小香条散发着难以言明的、怡人心神的芳息,回环丰盈,却又柔和安静,由不得让人要带上一瓶回家。

待定下心后一看包装盒上的配料表,顿时大喜这趟迪拜之行太有意义!"大公香"的配料为沉香粉、麝香、檀香粉与琥珀,与宋代最为流行的名香"四和香"只差一味配料——四和香无琥珀,而是配有龙脑。

直接焚爇沉香等各种天然树脂香料的碎片,是明代兴起的风气。早从南北朝时代起,一直到宋元,流行的始终是经过复杂技术精心配制、香调层次叠合的"合香"制品,当

阿拉伯大公香的香条。

今香水所强调的前调、主调、尾调之类,对于中国古人曾是再熟悉不过的体验。宋代是合香工艺的最高峰期,宫廷、贵族、士大夫均以研发芬韵新颖独特的香品为乐事,若是自家创出的某种香型及其制作方法流传天下,那便是极为得意的风流佳话。

最经典的便是"返魂梅",竟与韩琦、苏轼、惠洪、黄庭坚等一串发光的名字连在一起。据宋代杰出文人黄庭坚亲述,一次,他在欣赏画僧花光长老的墨梅新作时,感叹道:寒姿清影生动之极,遗憾的是终究没有花香呀!未料,此言才出,陪伴在他身旁的诗僧友人惠洪便笑着从行囊中取出一小粒香丸,焚于炉中。不一时,黄庭坚所栖宿的舟中竟是鲜明的梅花香气轻浮暗溢,让人如同置身于西湖孤山的寒冬清晓。

接下来,惠洪说出此一美妙香品的来历,则让黄庭坚又惊讶又惆怅。原来,这一款香的配方与工艺竟是名臣韩琦府中创制出来的成果,又由苏轼掌握之后传授给惠洪。黄庭坚闻言不禁玩笑地抱怨道:苏轼明明知道我有"香癖",居然不告诉我,简直不够朋友嘛!

后来,黄庭坚的外甥洪刍编制《香谱》一书,把这一韩府私制香方也收罗在内,黄庭坚还特意为之写了一段短跋,记叙自己与此款香之间的邂逅经历。他又指出流行的"韩魏公浓梅香"一称太通俗,传达不出这款香无可比拟的神韵,因此特意为之撰名"返魂梅"。

备受苏轼、黄庭坚等宋代文人喜爱的"韩魏公浓梅香"或说"返魂梅",其配方清楚记录在流传至今的宋人香谱里。它是以沉香为主,辅以麝香、丁香、小麦麸皮等,大致工艺则是把这些配料的细末浸在清茶汁里,加入化妆铅粉,再用蜜拌,调成略呈润潮状态的香饼或香丸,因此成品并非如今日所见的线香,倒是更接近中医药丸。也或者说,约略近似我在迪拜巧逢的"阿拉伯大公"香及同类制品。

实际上,香谱以及散落在笔记、医典中的传统香方不下百种,记录详细,只可惜自明代以来大多被放弃。有迹可循的是,宋代在制香工艺上深受伊斯兰世界相关技术与文化的影响,这两大文化圈之间的互动促成了当时中国合香制品的极度繁荣。那么,今天,或许可以重新参考中东、西亚的传统香业经验,从而令沉默在文献里的往昔香方被激活,令当代生活也被宋时的香韵所氤氲。

随喜罗摩利寺

到清迈旅游，最具风味的活动之一是游客趁清晨到城门畔向僧侣布施饭食饮料，亲身参与从佛祖时代一直传下来的古老善行。但我和结伴而来的朋友猫米发大财总是睡足吃饱才悠悠然踱出酒店，所以从没赶上这一积福的机会，反而意外做了一回当地的善信女士们的施舍对象。

7月底的清迈尽管时阴时晴，但午后总难免亚热带的炎热。虽然一路走一路喝当地著名的鲜果冰汁，我俩还是有点脚软身虚，一进著名的罗摩利寺（Wat Lok Molee），看到寺院一角居然搭着米粉摊，不由眼冒馋光上前就问："多少钱？"站在摊后、带宝石耳环、衣着体面的老阿姨回答："免费！"原来我们恰好赶上这一天寺中举办隆重佛事，相应的便有布施活动，由老阿姨与如她一样的善男信女"志愿"操持。老阿姨当即用塑料碗盛上两碗热腾腾的鸡汤米粉，不忘加入炖鸡块——发大财原不知小乘佛教不戒荤食，所以看到斋饭居然有肉，小小惊讶了一下。我俩端着碗到一旁设好的桌前坐下,老阿姨又送来两杯冰饮、一把圆眼,特意告诉我们:"这果子是我从自家院里摘来的。"旁边还有女士递过盛着蛋糕和蒸玉米的盘子,请我们尽管吃。

真的是平等面向一切人的布施呢!吃这一碗米粉的过程中,当地人的亲切温和着实让我心里颤悠悠的。没有一个人问过"你们是哪国人?来旅游吗?"之类问题,只是又送我们一人一瓶水以便带在路上,还一再嘱咐可以添第二碗。搞得我俩也像被大人准许上桌吃饭的孩子,尽量表现文明,主动把用过的碗筷扔到垃圾袋里,不给祖国丢脸。抹净嘴后还赶紧在寺中找到一个捐款箱,放了一点泰铢进去——不过这完全是我们自愿的行为,当地人没有任何类似暗示,绝对不求回报。

双龙寺内表演传统舞蹈的女童,一边对舞一边洒落金色花瓣。(邓心摄)

吃饱喝足恢复了力气的我俩转到罗摩利寺深处大佛塔的后边,又一桩新奇遭遇赫然出现:塔后一排简易而干净的小平房里,居然有泰式按摩服务!呃,在佛寺里捏脚……那就捏吧,何况先捏脚再全身按摩一共两个钟点才240泰铢(1元=5泰铢)。才捏上脚,就听泰乐悠扬,梵呗声起,敢情大办法事的道场距这里不过一二十米,于是乎整个按摩过程始终伴随着一位高僧激昂的说法,他时诵时吟,经过麦克风的放大,特别有棒喝的声势。在洪钟般的讲经声里被松筋活骨,真是好难逢的体验。

法事将终之时,一男一女两位按摩师忽然停下捏肩的活计,随着众信徒的唱诵,向着道场方向以手合十抵额,郑重行礼三次,然后接着对我和发大财大揉特揉。待按摩完毕,我走出砖房,穿上鞋,一抬头,赫然发现正对着供在古塔高处的一尊铜佛!我们就在佛的俯瞰下捏脚捏背,对清迈人来说这显然并无任何亵渎之意。不断有客人来做按摩,看来此处的生意着实不错。佛教在泰国人的生活中,是如此自然与日常的存在哦。

大学校门内会有供满鲜花环链的佛台,小僧人们就在佛殿里通过电视观看奥运会上菲尔普斯的游泳比赛……清迈的魅力部分就来于这种宗教气氛,不仅寺院处处散布,而且信仰如雨露一般滋育着当地人的心灵。这里是真正意义上的教化之邦,无论走到哪里都干净整洁,草树葱翠,鲜花披离。

让人惊奇的是看不到垃圾桶，若向当地人询问："我怎样才能扔掉手中这点废物？"则被问者无论男女老少，都会自然地立刻从你手里把垃圾接走，替你扔到不知藏置何处的垃圾袋里，那态度又大方又有礼，不卑不亢。所以始终我也不知道清迈城里的垃圾桶是何模样。

在这个陌生城市，我所遭遇到的最大挫败就是无法阻止卖家向鲜果冰汁里放糖。用各种鲜水果与冰块一起现场打成的冰果汁，二三十泰铢即可买一大杯，是最受欢迎的饮品，但一旦你说"No suger"，卖家总是会心地点头，然后认真地加入双倍量的糖。我只有两次成功喝到了没加糖的果汁，真心味爽。

对我们这些自幼生长在激荡环境里的人来说，虔信而从容的清迈就像一道花浴，在此小住几日，似乎过客的灵魂也被涤去了两分暴躁，意识到另一种人生态度的可能。

有故事的酒店

接到泰国清迈 137 柱屋[1]（137 Pillars House）酒店的订房确认函，告知我和猫米发大财将会入住"东婆罗洲套房"（East Borneo Suit）时，还真没想到一趟清迈游首先形成了穿越，触及到 19 世纪的著名传奇。

入住酒店后第一天吃早饭，就爱上了作为核心建筑的凉亭式楼阁，凉爽通风，且气派华丽。这也是该酒店唯一的百年老建筑，昔日英国东婆罗洲公司驻清迈总裁的住所。猜猜谁曾住在这里？就是《国王与我》里那位英国女教师的儿子！

当年，泰国国王请东婆罗洲公司为王廷推荐一名欧洲女教师，公司便把安娜举荐给泰王。安娜在王廷任教五年，后来，作为她的学生之一的王储继位，即为著名的拉玛五世。念于旧缘，拉玛五世授予东婆罗洲开采清迈森林的权利，并

---

[1] 2soi 1 Nawagate Road, http://www.137pillarshouse.com.

任命安娜的儿子路易斯全权管理。东婆罗洲公司曾在清迈建过三座100多根柱子的楼阁，其中一座被路易斯迁徙到此地并居住其中，这就是"137（根）柱屋"之名的由来。以老楼为核心，新建客房皆为风格相近的二层小楼，错落相望，每间客房均用东婆罗洲公司历史上的人物或事项命名，比如我们这间就直接冠以公司之名。

酒店中既现代感又舒适的室内室外设计完全出自一家泰国设计所，这一消息让我颇有点意外。其浴室设计尤为巧妙——正间摆个维多利亚式浴缸，左右的玻璃间分别为淋浴间和马桶间。通过淋浴间和马桶间，则能绕到一个高围墙、

137柱屋酒店的静怡内庭。（邓心摄）

木栅顶的露天淋浴小庭，于是乎，每天我和发大财都会争夺——哦，不，是谦让——在树影下于虫声唧唧中把自己洗白白的乐趣。啊啊，露天浴庭一角的翠草丛正对着马桶间的玻璃门，所以蹲马桶时都可以凝视着绿草思考人生也！

干净温热的环境让酒店的庭院里可以随处散布着架子床式软座，实乃吾之深爱。以喝下午茶的名义寻一座架子床歪着，躲在床帷随风轻飘的纱影里发呆，固然不错，但在此之前先进入旅馆小小的泳池里游一会泡一会则让情趣更佳。泳池一侧的一道高大绿篱实在超赞！设计师把常见的爬满绿叶的轻篱笆放大加高，直上空中，为泳池遮却日晒，同时，游泳的人自水面抬眼望到巍然耸立的绿壁，感觉如处幽谷深潭。

酒店虽然在老城之外，但距离著名的河边酒吧街极近，拐两个弯就能到。去远一点的景点，如逛王家花园、双龙寺之类，则可以请前台代为订车。我最喜欢旁听前台姑娘用柔和的泰语联系当地司机，世上居然有如此温柔的语言！不过这家酒店工作人员的外语能力那可不是一般的过硬——刚到时，我为掩饰自己英语不灵随口说"I speak rather French"（我其实说法语）。结果，下一次，酒店就派一小伙子和我用法语交流！人家不仅法语极标准，且在英语法语之间自由切换，只证明我这两种语言都不咋地。

好吧，下次再来住店，我一进门就直接说我其实说波斯语！看酒店怎么接招！

再续波斯前缘

和闺友们一起去伊朗游玩十二天回来之后,有幸拜见李零先生,听先生谈及古波斯与传统中国文明之间种种微妙的相互影响,益发巩固了自己旅行中的感受:这个遥远的国家处处陌生,但又时时显得亲切。

实际上,最近中国文化界掀起了伊朗热,李零、林梅村、尚刚等著名学者皆前往考察。对于学术界来说,波斯文明与中国文明之间千丝万缕的联系一向是个关切点,如今能够实地检验,自然都感欣喜。此外,伊朗亦是艺术家与各路文青寻美的所在,以至于在伊斯法罕的哈柱桥头有一位美国女子拦住我们询问:"我是伊朗裔,三十年来第一次回伊朗探亲,可怎么哪儿哪儿都碰上你们中国人呀?""因为正值我们的长假!""噢,幸会。"

途中,我们遇到两人一起结伴而行的大陆女孩,更遇到孤身一人云游的新加坡女子、香港男青年,来自欧洲各国、日本乃至伊拉克的组团或独行的游客也处处可见,个个神态闲在。没去伊朗之前，很多人以为这个体制独特的国家必定闭关锁国，于是按照上世纪70年代中国的情况对其进行预想。亲身体验则证明，没有任何两个国家的道路会彼此相同，我们的过往经验无法套用于伊朗。

很多时刻，这里让人感觉完全是个与世界同步的现代化社会，很多家庭都有私家车，年轻人穿戴洋名牌手持"二疯"，电影院里上映斯科塞斯的3D影片《雨果》，大中城市里的中等水平旅馆全部提供免费Wi-Fi。最典型的是伊斯法罕各大景点在推广一种上网软件，购买之后就可以通过私人电脑连接介绍伊朗文物景观的专门网站，随时观看更新内容。

伊斯法罕四十柱宫内的壁画。（刘净植摄）

当然事情的另一面则是，上网尽管容易，想看到非波斯语的页面却难，不过伊朗青年以及云游至此的各国文青、小资都娴熟地利用翻墙软件，对着电脑屏幕悠然自得。我们也是靠同行的烨女史给各人的手机或电脑临时装了个微博客户端，在旅途上和国内朋友通过微博臭贫。

其实我们中国人真的不宜对伊朗轻慢。这个国家比我们更早学习西方，很多方面远远更为"西化"。在德黑兰戈莱斯坦宫的画廊，看到19世纪末已有伊朗画家创作精彩的油画，我着实一震。创作年份为1899年之类的表现算命、求医题材的油画把欧洲现实主义与细密画传统糅得落水无痕，坦白说就是今天的中国油画也没达到人家那个水平。深入的西化至今体现在伊朗社会各个方面的细节里，比如帕尔斯旅行社[1]组织的旅游全程流畅高效，从没让我们因遭遇波折而烦恼。但据导游说，这种遵循国际样式的商业化旅游是哈塔米总统当政时才发展起来，亚兹德第一家古宅改成的特色酒店"丝路旅馆"[2]（Yazd Silk Road Hotel）也不过十年的历史。相比我们国内旅游业的劣质，确是天壤之别。

当然，这里并不是蔷薇园，就是匆匆过客也能感受到今

---

[1] Pars Tourist Agency, Zand Street 71358-18415, Shiraz, Iran, http://en.key2persia.com/home.

[2] No.5, Taleh Khakestari Alley, Jaameh Mosque St, http://www.silkroadhotel.ir/.

伊斯法罕谢赫·卢特夫劳清真寺的穹顶内部。昔日的建筑师巧妙引入朝向麦加的天窗的光束,投映在穹壁上,约略近似孔雀的身形,由此让釉砖拼嵌的花纹图案转为孔雀绽开的华屏。(刘净植摄)

日伊朗的窘困。不管是由于美国制裁还是其他原因，现实是经济不振，失业严重，汇率动荡到惊心动魄，本国货币不断贬值。我们到德黑兰的第一天换钱时为2万9千里亚尔兑一美元。经设拉子到亚兹德，便惊闻里亚尔暴跌到3万5千兑一美元，德黑兰因此爆发示威，商户全部关门。当天凌晨在酒店就听到直升机盘旋的声音，网络也暂时被切断，巴扎里店铺尽关，连名牌点心店都歇业，害得导游带我们购物的项目泡了汤。待到了伊斯法罕则得知，显然是政府迫于民间抗议的压力，硬把汇率提升为2万6千里亚尔兑一美元。但在最后一天上飞机时重新跌为3万兑一美元。这也就难怪民众普遍不满情绪深重，途中酒店里一位不大会英语的男招待都对我说："中国，好！伊朗，不好！"

不过，或许伊朗人失望于当前政体，对于国家的前途抱有缤纷的希望和理想，但似乎个人的宗教信仰的根基并未因此受损。我们的第一位导游是英语专业研究生，醉心中国武术；第二位导游上大学时主修古语言，思想开明、见识广博，能以理性态度讲解本国历史。然而，这两位人士都曾在某一刻嘱咐我们："请你们先休息一会，现在我要去祈祷了。"在旅游路上，导游和司机都曾按自己的规律在某个晚上斋戒，不与我们同用晚餐。伊斯法罕的大巴扎里，当远处清真寺的宣礼声响起的时候，会有小贩主动站到十字路口，唱起同样悠扬的宣礼调，提醒大家此时是祈祷的时刻。

因此，对于最让外国人侧目的女性戴头巾一事，一方面，部分城市女性会在头后装上夸张的假髻，由此将头巾撑在身后宛如一袭垂瀑，同时修身衣裤让伊朗女子特有的柳腰俏臀纤形分明，造成一种独特的性感效果；一方面，大约有六到七成女性却是最保守的打扮，用一披长黑纱兜头罩住全身——但露出面孔——的形象满街皆是。

信仰之外，伊朗人保持传统古风的方面尚有很多，比如关心异乡人的安全，言行体面，到处干净整洁，特别打动我的是神妙的手工艺传统依然生机勃勃，没有崩坏……

对我们来说尤可注意的一点为，可能与前几年该国媒体界曾经发生过一场关于"是否学习中国模式"的讨论有关，伊朗人普遍羡慕中国经济的成就。爱武术的导游小伙甚至说："你们中国现在是世界第二，征服了世界！"第二位导游也说："中国经过努力成了发达国家！"也许可以这样看，"中国成就"毋宁是伊朗民众恰好需要的一种启发，既为他们渴求改变提供了理由，也刺激他们想象一条独创的变革道路。另外，在美欧制裁的压力下，伊朗人清楚认识到中国在经济政治等方面所可能起到的作用，所以对我们热情友好，并且非常好奇地想要多了解我国的情况。

因此，新世纪也许意味着中国和伊朗的交流互惠的新起点。两个古老文明的互动不该只限于经济、商务，而应在文化上重续长久以来早已存在的联系。

比如上两个世纪是由欧洲学者主导伊朗的考古发掘，但1979年伊斯兰革命之后这类工作被中止。目前，伊朗仍有若干重要历史遗迹未经侵扰，中国恰恰已有近一个世纪的考古发掘经验，是否可以与伊朗展开合作？欧美考古学者往往把发掘所得携回本国，令当地人反感。中国考古学家当然应改变如此做法，挖出的东西留给人家，但把得到的数据资料拿回来一份。

须知，如此的资料恰恰可能有助于理解我们自己的过往历史，毕竟，如李零先生所说，早在春秋战国时代，波斯的影响可能就已抵达中国了。

驿站夜色里的误会

去伊朗旅游，必须戴头巾这件事是女性绕不过的重点。我和三位朋友利用这次中秋、国庆长假搞个"波斯游"，乘飞机经乌鲁木齐抵达德黑兰伊玛目霍梅尼机场，飞机一落地，便撞到了好笑一幕。

机上女客皆是有备而来，飞机尚未停稳之时便个个变戏法似的拿出条头巾扎裹起来——都知道不戴头巾不让出海关！机舱里一片五彩缤纷当中，唯独一个打扮时尚的台湾女孩头上显得很怪，堆着厚厚两层织物，像个小山一样。大家排队过海关时，站在我前边的一位金发女士忍不住了，主动用英语对头上堆了一堆儿的台湾女孩说："扎头巾并不麻烦，很简单，就这样，把一条头巾围过头，在下巴下面一系就成！"那女孩就很尴尬狼狈地转向我们几个同胞解释，说她在乌鲁木齐转机时把原本特意准备的头巾弄丢了，只好向机组人员通融，拿了条飞机上供乘客保暖的小毛毯盖在头上！我们同机乘客只能又是同情又是好笑地看着这女孩头顶着毛毯办理出关手续，勇敢地消失在德黑兰的夜色里。

这件事倒也证明了事先熟悉伊朗情况的人的介绍：对于外国人，伊朗要求并不严格，只要你肯在头上蒙件东西，表示你遵守当地的法律，也就没人来烦你。事实上我们几个围的都是或粉艳或带花纹的纱、绸头巾，尤其是我，不仅粉红头巾带绣花，而且总在脑后插个亮晶晶的镶水钻花的簪子来固定头巾，簪子还都是步摇式，垂个晃荡摇曳的流苏坠子。虽然如此招摇，但并无当地人上来表示反感或出言干预，相反，伊朗小伙子们倒很被鲜艳的巾色吸引，喜欢主动与我们合影，甚至在波斯波利斯悄悄随着莲女史两姐妹进行偷拍。

事后有闺友开玩笑地问我，那么这样遵循当地习俗是不是反而让女游客产生代入感？是呀，有代入感，简直太有代入感了！围起头巾在伊朗长途奔袭十二天，竟让我们这个四人团一致觉得加深了对古典文学的理解。

如此触发感悟的一幕发生在一座丝路古驿站的堡顶上。按照伊朗帕尔斯旅行社为我们设计的游线，从设拉子前往亚兹德的一程需乘坐该社提供的包车穿越戈壁荒原，中途在一家由古驿站改建的酒店"扎伊诺丁客栈"（Zeinoddin Caravanserai）歇宿一夜。我们乘车到达驿站酒店时已值落日将沉，大约因为这里天高皇帝远，所以一迈进大门就被善意地告知：于此处可以暂时免戴头巾！那种顿时松一口气的感觉非过来人无法体会。观念什么的且不谈，十月的伊朗很

扎伊诺丁客栈外观。(刘净植摄)

扎伊诺丁客栈的圆形中庭。(刘净植摄)

热呀!脑袋上裹条围巾真的"糊得慌"!我们当然无比愉快地甩了头巾,考虑到沙漠的夜晚降温迅速,便每人立刻加披了一件短大衣,然后简直急不可耐地爬到驿站的堡顶。

孤矗于平沙碛野中的石筑驿站其实就是一座小城堡,坐在女墙上看夜色逐渐驱走夕光,真让人觉得置身唐代边塞诗的意境,于是莲在我们的鼓动下唱起了《阳关三叠》。

一位壮硕的男士几乎紧随我们也来到堡顶,在附近闲伫一会,走上来用英语搭话:

"你们是哪里人?"

"中国人!"

那男士一听就很高兴:"呀,我今天也是陪几个中国人来这里呢!"

"是吗?"我们有点惊讶,到达之后没看到其他同胞呀!

"我,还有导游,以及四个中国游客。"他继续说。

烨听此不由笑道:"那么今晚这里就有八个中国人了!"须知驿站此际来客其实不多,相当安静。

"你们中国很棒,"男士说,手指向驿站外的大门畔,"我是司机,那里就是我的车,中国造,六年了,一点毛病没有!"

他说完这话就很有礼貌地踱向一旁去抽烟。这时,莲忽然说:

"他就是给咱们开车的司机!他说的车,就是咱们今天

作者在扎伊诺丁客栈的大门前做叩门状留影为念。

一直坐的那辆面包车!他说的中国人就是指咱们!"

大家一愣,随即反应过来,顿时笑作一团:

"一路上咱们都戴着头巾,现在忽然摘了头巾露出头发……"

"又都穿了件大衣,与白天的衣服也不一样了……"

"天色再这么半昏半明,看不大清,司机叔就彻底认不出咱们了!以为咱们是从来没见过的陌生人!"

"这要是情人幽会,可就要出传奇了!就此生出多少曲折情节!"烨的一句话顿时引发大家潮涌般的感慨:各国传统文学中都有半夜约会结果搞错对象上错人的故事,照我们今天的经历看来,显然这种误会完全可能真实发生!一见钟情嘛,往往就是彼此匆忙看上几眼,古代女性上妆又浓艳,所以双方根本印象模糊,一旦换过衣服装扮,再加上幽会时夜色漆黑灯光朦胧,认错人的几率就产生了……所以罗密欧爬错阳台抱错朱丽叶的可能性那是随时的……

大家也不好向司机说破,便继续看银河,把新疆歌、印度歌一支又一支地唱起来。温暖的是,这位司机——后来知道他叫哈桑——虽然误以为我们是与他不相干的游客,却始终耐心地静静守在一旁。其实,除非此际有一个女人压抑在心底多年的嫉妒忽然爆发想把另一个女人从墙头推下去因而发生扭打撕扯,否则堡顶毫无险情可言,而我们这四个"图森破"(too simple)的资深文青当中发生此类命案的概率基本为零。但哈桑始终像个骑士一般守护在附近。主动留意照顾异乡来客,是伊朗人普遍秉持的淳良古风,总被他们点点滴滴地实行着。

直到导游来招呼大家吃晚餐,哈桑才随着一起走下堡顶。当他与我们围着同一张餐桌坐定,莲笑道:"司机叔现在肯定明白咱们是谁了!"有趣的是,我们和他都心照不宣,彼此再没提堡顶上的误会。古人遇到这类尴尬,大约也一样只能装聋作哑遮掩吧。

奇的是类似情况居然还有第二回。我们在以保留传统生活方式著称的奥布扬耐村闲逛时,与两位说着汉语的同胞迎面相遇,其中的女子裹着当地特色的大头巾,那种头巾是白底上印着朵朵大红玫瑰花,十分抢眼。她乐呵呵地对我们招呼一声:"到了这儿,就得买这种头巾!"我们回以一笑,就此擦身而过。

两天后,在德黑兰霍梅尼机场等候回国的飞机,一位着装清雅的女同胞走过来,神态熟络地询问:"哟咱们坐同一趟飞机?"我们也看她面熟,然而私下里疑惑:"咱们在哪里碰见她来着?来伊朗的飞机上?设拉子曾和咱们同酒店?在伊斯法罕遇见过?"回到北京好几天之后我才忽然大悟:"她就是奥布扬耐村戴大花头巾的那位!"哇,她换了条头巾,我们就认不出了!因此不赖司机哈桑的眼力,我们面对自己的同胞不也一样会犯晕嘛。

其实我和朋友都是经这次旅游才搞清，伊朗的规定是女性必须用围巾裹住头发，并在颔下系结，但并不掩盖面庞。大家明明彼此能够看到面容的情况下，一袭围巾却能深刻影响留给他人的印象，这倒显示出人的辨认方式与记忆方式的奇妙。

也许，在伊朗游玩的那些天里，那位在众目睽睽下头顶毛毯出海关的台湾女孩也曾与我们同时出现在某个景点，只是因为她裹了条正常的头巾，没了那条毛毯，就在我们眼中成了彻底陌生的形象，没能将她认出。

人以言分？

学会了一个日本词——"音羽"。

到日本的第一天晚上，转出下榻的箕面观光酒店[1]，缘溪行忘路之远近，忽然一家弥漫明治时期怀旧风情、和洋合体的旅店俯临幽涧，亭然静蠹，招牌标为"音羽山庄"[2]。后来又发现京都清水寺所倚之山称"音羽山"，寺中供游人倚栏听着隔荫水声吃茶喝清酒的茶棚也叫作"音羽"，于是大悟：汉字"音羽"二字在日语中大致意味着"流瀑之声"。

短暂的日本游中，这种与日语对于汉字的活用一再不期而遇的经验让同行三人颇觉新鲜。我姐就一再感叹，幸亏处处可见汉字，便是都如对付"音羽"一样连感受带猜蒙，也能让我们好赖摸索到目的地。不过，如此倚赖汉字，也是因为很挫败地发现，普通日本人的英语能力近乎于无。音羽山

---

[1] 大阪府箕面市温泉町 1-1，http：//www.minoo-onsen.co.jp/hotel-minoo/.
[2] 〒562-0002 大阪府箕面市箕面公园 1-3，http：//sansou.otowa.ne.jp/.

音羽山庄的介绍册页,展示一庭润翠。

庄那戴眼镜的、可爱而亲切的服务员小姐便无法听懂我们的英语问话，要一份旅馆简介都急得双方差点冒汗。

于是三个人不禁议论，日本以注重国民教育著称于世，而且英语教育是学业中的重要科目之一，但是对于很多日本人实效竟不明显。中国的情况何尝不与之相像，无数人自小学始就接受英语教育，似乎只为了成年后把所学的彻底忘光。当然，放眼欧洲也是一样，甚至英法两国的政治家会谈时也每每互相不解对方的鸟语，需要依靠翻译。

世界各地许多国家都在国民教育中把英语列为必要的教学内容，竟是何时成风的文化奇观？大多数人被迫学习英语十年以上最终却连基础单词都没记住几个，是不是这种教育的普遍结果呢？

即使依据最肤浅的旅游者经验也不难发现，是否掌握英语，很简单地取决于是否有此需要。音羽山庄像很多日本传统旅店一样，以本地居民为业务对象，服务生当然没有机会操练英语。相反，一到大阪繁华市区的现代化酒店，服务人员便个个能用英语与八方来客交流。采用今天的时髦标签便是，必须依靠英语交流的人属于比较"国际化"的世界，无需英语的人则活动于"本土化"的世界。

不知是否其他人也有如我一样多虑的感觉，即，不屑英语的朋友们大致是一个群体，依靠英语或其他外语生存的朋友们则是另一个群体，与两群朋友分别相处，有时竟会产生置身截然不同的两种时空的恍惚。由此产生了一个或许属于闲吃萝卜淡操心的疑问：这种在国民内部由一种外语造成的分群，会不会最终对于一个国家、一个民族的内部生活产生影响？比如，无论在民主制度成熟的社会，还是在民主化过程中的社会，"国际化"的人群与"本土化"的人群是否存在观念上的明显分歧？换句话说，被视为工具引进的一门外语可能在一个国家的民众当中树起意识的藩篱吗？

很好奇的是，在比我们先行一步的日本乃至欧洲，是否已有学者进行类似的研究？假如真有这类研究成果，那么倒是值得加以引进，以为我们未来的行程寻找借鉴。

守着宝藏闹饥荒

商业性衍生品开发如同提供公共服务一样,一直是中国的博物馆的弱项。因此,"2012博物馆及相关产品与技术博览会"在农业展览馆新馆的举办就不免让人怀些希望,期待在这个展览上看到国内博物馆业在"产品"创新方面有所进步。

然而,这个展览予人印象的乃是"技术"展区,多姿多彩的高新技术服务于文物事业为之添彩的可能性如魔术一般迷人有趣。比如有家企业推出透明数码屏幕,用于安装在展柜的正面,观众可以通过透明屏观赏柜内陈列的文物,同时它又是一面电脑显示屏,能够展示柜内文物的各种信息包括三维旋转图像,由观众自由操作,令信息随时浮现或消失。另外,多种保护文物的新型设备的亮相尤其让人感到宽慰,毕竟,对于中国这个古老而辽阔的国度来说,如何收藏、保护、修缮各种形态不同的古代建筑与文物一直都是属于燃眉之急却措施不力的痛苦问题。

不过,"创意设计衍生品"与"文化创意产品"两大部分简直一如既往地让人失望。

各博物馆除了画册、文物复制品以及一些手袋、钱包、小饰物之外，似乎就拿不出任何新花样。相对活泼一点的仍是故宫博物院推出的卡通娃娃"清代小皇帝"、"小皇后"系列，其他产品则似乎丝毫不曾考虑今日观众的喜好与消费能力。

最根本的问题是，诸博物馆没有能力将自家珍贵藏品与当代设计融合在一起，让古老文物转化成洋溢现代气息的实用物品，能为普通人在日常生活中实际使用。

最简单的例子，古人最喜欢在身边悬饰玉佩，也喜欢垂挂各种金银花丝或玉雕镂花的小香囊，这些往昔珍巧完全可

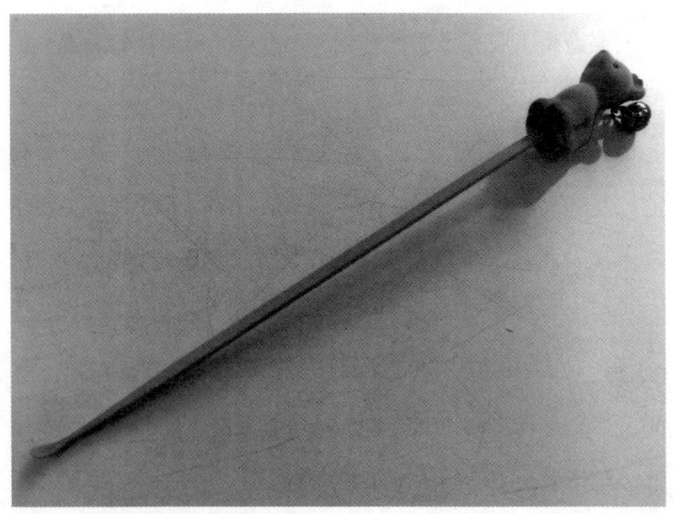

奈良东大寺外旅游品摊上的卧鹿式耳挖簪。

以现代材料复制成手机挂链。一些博物馆虽然也有类似的开发，但产品极其粗陋，同于"地摊货"的水平，根本不具古代珍品的风采，自然难以吸引人。

另外一个更加遗憾的例子则是，明清时代的耳环坠子以及簪钗上的流苏坠角，其实大多可以直接复制成项链吊坠，无论用玉、宝石还是用玻璃，所成的制品或者具有奇异的现代感，或呈现古典的繁复华丽，然而这一优势竟始终未能引起相关业者的注意。

博物馆创意设计衍生品与文化创意产品的贫瘠，其实反映了当代中国设计的整体窘境，这就是无法理解并掌控沉睡在他们身边的传统宝藏的精髓。

这些年来，中国游客总对欧美博物馆的礼品店里琳琅精美的小玩意啧啧称赏，也往往买上若干件馈赠亲友以便大家同享见识世界之乐。我个人最喜欢的一件便是在奈良东大寺买的一支耳挖式小巧和风竹簪，簪头乃是一只卡通卧鹿，鹿耳垂着绿豆大的小铃铛。把这小簪送给闺友，闺友也欣喜不已。夏日盘头时，将小簪插在髻中，竟是少有的别致。

簪钗也是中国传统上最重要的首饰之一，却不见有国内博物馆表现出类似化古老为清新的能力。

穿越里斯本的时光

大概世上没有什么能比辛特拉佩纳宫内四月的茶花更能衬托一位新娘的美丽吧。在里斯本游玩五天,我最大的感触竟是,这座位于欧亚大陆另一端的名城,实在是拍婚纱照与艺术照的理想地点。

至于这一想法的灵感照例是由同行的女友"猫娘"触发。我们入住的阿尔蒂斯大道酒店(Altis Avenida Hotel)[1]正像拥抱着它的里斯本老城一样,也许缺乏几分新晋土豪的闪闪金色,但有一种见识过大世面之后的从容与安适。大概因为里斯本市中心寸土寸金,所以酒店的内部空间紧凑,不过却独具匠心地采用20世纪40年代流行欧美的装饰风格。于是每一处细节都散发着怀旧的气息,以致猫娘一见到气派的楼梯间,就惊呼:"这里太适合女孩子穿上欧式古装长裙来拍艺术照片啦!应该来这里拍婚纱照!"

---

[1] http://zanadu.cn/hotel/474/altis-avenida-hotel.html

按照她这个思路，那么，仅仅这家酒店周围，就处处都适合拍古装照和婚纱照！酒店一端直达世界名牌云集、林荫翠翳、曲水潺湲的自由大道，另一侧通向热闹活泼的罗西奥广场、骑士广场，新艺术风格的罗西奥火车站则隔街相望，都让人仿佛置身泰坦尼克号建成时的那个年代。要知道老城真的不大，酒店恰恰就在老城的腹心位置，所以前往任何必去的重要景点都极方便。脚力好的话，半个小时就能穿过新古典主义建筑风格的下区，抵达海边，那里的凯旋门、商业广场也是摆姿势拍照的绝好地点。从骑士广场一侧则能前往豪尔赫古堡，以及迷宫一样、幽致处处的阿法玛区。

不知热洛尼莫修道院的那一座美丽回廊是否允许人们前去肆意地拍婚纱照或者艺术照？如果允许，那么贝伦景区也值得花上半天时间，在热洛尼莫修道院回廊之外，贝伦塔、特茹河畔，甚至大航海纪念碑，都是理想的背景。

另外，重点中的重点，是里斯本附近的辛特拉景区。有些酒店可以代为安排车辆、司机、导游的有偿服务，不过，罗西奥火车站就位于老城中心，这座火车站像一座放大的牙雕作品，面子与里子都充满情趣，前往辛特拉等地的短途火车就从这里出发。因此不妨买好火车票，然后在车站内外顺势拍上一组照片，再乘火车到达辛特拉，下车后在火车站外直接包租当地人的汽车，一天之内就可以游览辛特拉著名的国家宫殿、佩纳宫、穆罗斯城堡，然后再前往卡斯凯什、罗卡角。当然，如果是自驾游，那就更好！

在辛特拉游玩是一个穿越时光的过程，一连串景点倒像是随时切换的电影场景，把游客送入截然不同的年代：

穆罗斯城堡是中世纪城堡的遗迹，我们去的那天恰好时阴时雨，乌云低垂的天空下，粗石堆砌的城垣远近逶迤，群山间处处可见出岫的云烟在缓缓飘升，宛如《魔戒》的世界降临人间。

辛特拉镇上的国家宫殿则是自14世纪起兴建的传统王宫，游走其内，让人仿佛置身到那些讲述欧洲王室春秋的影视作品中。

佩纳宫昔日也是葡萄牙王室的避暑夏宫，但却是19世纪的新作品，以浪漫主义精神兴建而成，为哥特风格、东方元素等多种样式的混合体，踞立在山顶上，倒像仙女一挥魔杖变出的童话里的宫殿。

不过，对我来说，印象最深的乃是佩纳宫山脚下盛开的茶花林。说来也是意外的幸运，我和女伴挑选旅游淡季的仲春万里赴葡，结果赶上此地花开的时节。一进佩纳宫的园门，我们就被花园里满地无人理会的落花迷住了，再一定睛，原来这里是栽培了各样茶花名种的一片园囿，时来的阴雨打下枝头的繁花，残红满地，让人惜花之心顿起，徘徊着不忍离去。

我们初抵辛特拉火车站时，即向正在站前兜揽生意的一

在豪尔赫古堡的露天咖啡座观赏里斯本城。(李华摄)

位当地小伙子谈定包车一日游。小伙子在驱车将我们送到国家宫殿、佩纳宫、穆罗斯城堡之后,又前往海滨小城卡斯凯什,于是场景再次彻底变化,海滩、游艇与现代风格的时尚酒店,一派度假胜地的欢快,正是那些颜色明亮、剧情曲折、讲述红男绿女豪门恩怨的欧美电视剧中的世界。其间还按预定在罗卡角小停留影,这里号称是欧亚大陆的最西端,"陆地消失、海洋开始的地方"。

所以,在里斯本拍照,意味着可以化身出现在多个世纪的时光当中,从古堡的中世纪经过大航海的黄金岁月,直到有轨电车叮叮当当的工业时代,直到最新一刻的时尚空间。实际上呢,专攻汉服的猫娘带了一套唐风女装、一套宋风女装,我俩真的各穿一套,在自由大道、在阿尔坎塔拉观景台、在植物园里拍了古装照,制造了一个"唐女穿越里斯本"的开心时刻。本来还想到阿法玛区、到罗西奥广场再穿越一次的,后来实在玩得太嗨(high)就没顾上……没办法呀,里斯本有那么多的海鲜菜,那么多的糕点,那么的樱桃酒和绿酒,实在让人无暇分心。

在豪尔赫古堡,拖着斑斓长尾的孔雀就像家猫一样在露天咖啡座踱来踱去。一旦高兴,还会灿然开屏,对着游客们的相机轻轻抖动着翠扇接受拍照,就像是出席戛纳电影节开幕式的明星。这时游客就可以悄悄凑到孔雀的屏畔,让同伴为自己拍下与开屏孔雀的合影,我便幸运地得到了这样的机会,真遗憾,那一天却没有穿着猫娘带来的唐宋古装!

附言:

阿尔蒂斯大道酒店有一处非常贴心的安排,就是在办理入住手续之后当即赠送一册特制的里斯本导游册,册子内全面介绍当地的名胜与名店,并且附有多张商店、餐厅的优惠券,甚至辛特拉穆罗斯城堡等景点的门票都给予1欧元的优惠。不过,这个册子最大的好处在于提供了里斯本的很多鲜活信息,其中一些信息未必能在导游书上看到,因此值得好好利用。比如,册子内介绍了一家著名珠宝店,同时提到,此店所在的"金街"(Rua do Ouro)作为金饰与珠宝店的荟萃地已有几个世纪的历史。正是靠了这条消息,我和猫娘得以到金街消磨掉在里斯本的最后一个上午，每人买了两件古着(vintage)饰品，然后同顶着一条雨衣，在四月的春雨中哈哈笑着疾走，穿过罗西奥广场，回到酒店。

科英布拉的魔法时空

今年春天约上闺友一起去葡萄牙游玩两周,其实是有点赌气。因为去年我曾向朋友们高调宣布:"我的注意力已经转向印度洋!我要到波斯湾去看海!"随后去波斯湾的努力却受挫,安曼不允许单身女性入境旅游!但是玩心已萌,怎能就此刹车?于是有点恼羞成怒地,决定找个开放度高、以热情友好知名的旅游国度,也就自然地想到了葡萄牙。

这是个何其正确的选择!一直听欧洲人嘲笑葡萄牙人懒惰、低效,可是我们在葡萄牙期间经历的却是一个高度现代化国家的效率精确、做事严谨,再加上当地人的热情与淳朴,以致从里斯本到波尔图的一路旅行顺风顺水,没有遇到任何意外。其间有那么多开心的经历,让同行闺友猫娘每每模仿日漫里的动作,用双手捧着脸蛋假作惊喜地呼喊:"哎呀我的人品真好耶!"然后两人一起开心大笑,心知其实无关我俩的人品,而是这个国家本身提供了成熟与优质的旅游业服务。

在葡萄牙,两周显得那么的短暂,当按计划离开的时刻，却好像我们对这个国家的探索才刚刚开始。久闻大名的里斯本与波尔图当然花去了我们的大部分时间，不过，我自认制定游线时非常英明的一招，就是将该国第三大城市、以"大学城"著称的科英布拉列为其间的一站。

王都春秋

在里斯本开心了五天之后，我们坐一个多小时的火车，便到达科英布拉。它虽然是个大城市，但其古城部分集中在一片平缓的丘陵上，火车站就位于山脚下，因此，我们甫一下火车，整个古城的美丽影像便扑眼而来。

但见无数三五层高的楼房披着典型葡萄牙风格的红瓦屋顶，栉比鳞次，层层叠叠，仿佛积木一样堆满了山坡。这些老楼的外墙以白色为主，间或有粉、绿、黄等明快浅色，朝向颇不规则，或斜或正，当中这里那里冒出钟楼与教堂尖顶的廓影，像极了童话书中的场面，猫娘当即脱口而出："真像日漫画家笔下的小镇！"我应和："一定是日漫画家常来欧洲旅行，亲眼见过这样的古城美景，才能妙笔生花吧！"

我和闺友特意预定了一家口碑极佳的"民宿"式小旅馆卡萨庞巴尔（Casa Pombal）[1]，由出租车在盘带一样的狭窄

---

[1] Rua das Flores 18

坡路上转来转去，将我们送抵旅馆的窄门前。沿着狭窄的木楼梯奋力将行李箱提到三楼的预定房间，俩人都笑了。记得在里斯本时，我们看到时时出现只有两个房间宽、却有三四层高度的传统民居，曾经好奇地嘀咕："不知这样的窄楼内部怎么居住？"结果卡萨庞巴尔恰恰是只有两个房间宽的一幢窄楼，却被螺蛳壳里做道场的改建成一家亲切舒适的小旅馆。我们所住的房间就意外的狭小，房间内并排摆了两张单人床之后，活动空间便很有限了。不过，房内陈设周全且用心，这里那里点缀着彩陶挂壁烛台一类饰物，巧而不繁，而且均为本城特产工艺品，后来我们在特色商店里一一见到。所附的卫浴间同样小巧紧凑，但整洁有序，还处处显示美感，让人深服葡萄牙人仿佛天生的品味。最妙的是，打开床头的窗子，蔓延向天际线的科英布拉新城尽来眼底，山河如画，让人幻觉自己是神话里的公主，被魔王囚禁在塔楼上，正凭窗盼着英勇王子骑马从天边赶来。

管理旅馆的是几位中年妇女，热情和善，掌握流利的英、法、西、德等欧洲语言。我们办好入住行李之后，当天值班的女士就用笔在地图上一边画一边告诉我们旅游的重点，在我们的询问之下还提供了当地物美价廉的餐厅与点心店的位置。事后证明，我们按照她的提议游玩是完全正确的选择。

于是，我们安顿好行李便兴冲冲出门。科英布拉实在是步行的天堂，石块铺成的街路在狭隘街巷间不停弯转，随着山势起伏不定，时时出现岔路口，让整座老城宛如迷宫，不利于汽车行驶，但面积不大，仅凭徒步便可到达城内的任何一个角落。我们用了第一天的后半个下午，便把坐落于三个不同街区的三座最重要的大教堂转了一个遍。

其中视觉效果最震撼的是"旧大教堂"。它采用公元10世纪前后流行西欧的罗曼式建筑造型，外形方正雄健，宛如一座难以撼动的军事城堡，那种简朴却刚毅的气势让人仿佛重新面对中世纪的黎明时刻，既感动又敬畏。进入教堂内部，则是各个时代的流行装饰方式拼合在一起，尤以顶天立地的曼努埃尔式金漆木雕壁龛炫人眼目，富丽豪华的程度让我们大为意外，完全没有想到会在这样一座小城内邂逅如此辉煌的场景。其实并不奇怪，12世纪时，科英布拉曾是王国的首都，桑丘一世与若昂三世都在这座教堂里加冕，"旧大教堂"既然曾经肩负国都首席教堂的身份，自然会拥有与其地位相称的风貌。

我们随即又溜达到圣十字修道院教堂，这座哥特风格的建筑规模相对较小，但在重要性上却毫不逊色。葡萄牙最初两任国王的棺墓即安置于此，因此，这所教堂拥有着相当于先贤祠的地位。不过，对于爱八卦远胜过爱历史的懵懂游客来说，最替这座教堂里增色的却是一则传说，即佩德罗与依内斯的真实爱情事迹的传奇结局。

14世纪时，葡萄牙王子佩德罗与来自卡斯蒂利亚的贵族少女依内斯相爱，但遭到王子父亲、国王阿方索四世的反对。经历一番曲折之后，最终国王命令手下大臣将依内斯害死在科英布拉城外的"泪水庄园"。待阿方索四世死去，佩德罗登上王位，他处决了参与杀害依内斯的大臣，又令人把依内斯的遗体挖出，运到圣十字修道院教堂之内。真实的事迹到此为止，不过，随后却出现了一个颇具震撼性的说法，在葡萄牙广为流传：就在科英布拉的圣十字修道院教堂里，悲伤的新国王在爱人下葬之前，将她的遗体安置在王座之上，为她举行王后加冕的仪式，然后命令群臣向戴着王冠的死者致敬，并且亲吻她已然腐烂的手。

并非旅游热季，观光客不多，我和猫娘徘徊在略显空旷的教堂内，想象故事所讲述的那一既深情又恐怖的仪式，好像几个世纪之前的时光随时能够复活。接着，我们又注意到教堂一隅安置着一位拜占庭公主的墓台，这甚至比那个爱情传说还更触动。介绍说这位称为唐娜·维塔萨的公主当年从拜占庭来到这里，在科英布拉的宫廷担任家庭教师，最后终老于此。猫娘和我都对这位公主非常好奇，她究竟见证过怎样的拜占庭？又是什么原因驱使她来到如此遥远的异国？她怎样适应在他乡的生活？依内斯，维塔萨，以及身后成为女圣徒、科英布拉保护神的伊莎贝尔王后，都因不同原因告别亲人来到这座小小的王都，演绎了各异的人生故事，欧洲宫廷中的女性真是历史中富有吸引力的一个侧面啊。

有趣的是，一出教堂大门，便看到旁边是一家人气很旺的咖啡馆，门面呈现为新艺术风格的装修，显得颇有品位，引得我俩不由得想进去小坐。结果发现，这座"圣十字咖啡馆"（Café Santa Cruz）[1]其实是占用了圣十字修道院教堂附属的一个小礼拜堂，原本属于教堂的一部分！为了突显特色，咖啡馆居然四处放置教堂专用设施作为装点，包括一架巨大的木制忏悔室，就是信徒躲进小阁里向隔壁阁子内的神父吐露心事的那种忏悔室，居然变成在这里摆着玩的陈设。

像所有哥特时代建筑起来的小教堂一样，咖啡厅的穹形天花板由纵横的弧形肋拱架起，宛如一朵硕大的倒覆的玫瑰花，我们先在忏悔室前拍照留念，然后就在这样美丽到奇妙的穹顶下落座，悠然享受咖啡与甜点，真是心花怒放。"这是我第一次在中世纪教堂里喝咖啡，从来没想到过能有这样的奇遇！"我乐呵呵。"是呀，我们坐在这里吃吃喝喝，一墙之隔，就是据说当初佩德罗命令群臣向依内斯遗体行吻手礼的地方，这感觉实在太奇特了。"猫娘也惊叹。

随即，我俩欣喜地发现，科英布拉的糕点非常好吃，不像里斯本的点心那么甜，因而更为适口。接着又开心地发

---

[1] Praça de Maio 8

现，旅馆当班女士推荐的"罗曼门"(Porta Romana)[1] 餐厅离这里不过几步之踞。在科英布拉的饕餮享受就此开幕。

从古罗马到中世纪

葡萄牙王国诞生在 12 世纪，但科英布拉的历史却可以远远上溯到罗马帝国时代。

就在该城的"新大教堂"对面，便是已有百年历史的马查多·德·卡斯特罗博物馆。这座博物馆不仅藏品丰富珍贵，更以整体设计既富有科学性又才华横溢而惹人叹服。博物馆由一座中世纪主教宫改建而成，不过，主教宫原本修建在一个古罗马广场的遗址上，它的邻侧便是一座教堂。设计师利用这一形势，将内部空间构筑得上下错落，回环往复，引导观众于空间的转换中生动感受时间的变迁。

按照指定的路线，观众首先会进入地下部分，参观经由考古发掘、整理而重新呈现出来的古罗马广场。走过规划整齐的广场廊道，看到一件件典型古罗马风格的雕像残件，让人深深意识到科英布拉的历史是何等久远，所踞地理位置是何等关键。

一旦沿游线回到地面以上，便进入主教宫内部，也就进

---

[1] Rua Martins de Carvalho 8–10

映入马查多·德·卡斯特罗博物馆落地玻璃窗的科英布拉街景。(作者摄)

入了中世纪宗教艺术部分。在此，高大的展厅与相邻教堂打通为一体，也就是说，教堂成了展厅的一部分，明亮的光线使得观众可以更真切地观察宗教艺术品的细部，更重要的是，人们得以自然地感受到这个城市从古罗马时代一直到中世纪的连贯性。

最妙的是，在转角或过道，时时会出现占据整面墙的透明落地玻璃窗，窗外便是今日科英布拉的日常街景，映现在宛如大屏幕一样的窗框内，那么亲切，那么安逸，似乎也被包括在博物馆所展览的内容当中。通过这种方式，馆内的历史文物陈列与一窗之隔的现实生活被相连在一起，于是文物也显得有了活气，观众意识到，正是这些文物所代表的过去，将科英布拉引导到了今天。

与科英布拉老城隔河而望的旧圣克拉拉修女院遗址展览馆也是现代博物馆设计的一个佳例。后来被封为女圣徒的伊莎贝尔王后于1314年下令创办了这座修女院，又于1325年起在此隐修。不过，1677年蒙德格河洪水泛滥并改道，将修女院淹没在水中，致使其彻底废弃。直到近年，人们将河水排干，对修女院遗址进行了全面的考古发掘，然后在原址上非常适度地修建了一座博物馆，展示一向少为公众了解的中世纪修女生活。

进入修女院之内，迎接观众的首先是采用现代设计风格的系列展厅，利用发掘出的各类文物详细解释往昔修道院高墙内日常生活的方方面面,如何饮食、生病如何治疗、卫生习惯怎样、有什么迷信观念……生动明白,很能引发了解的兴致。最有意思的是,考古发现,很多修女下葬时都有辟邪小护符随身入殓。说明牌上介绍,根据基督教教义,教徒绝对不可以相信巫术,教会也对此三令五申,但是实际上根本杜绝不了民间盛行的迷信风气,以致这些虔诚的修女在静修生活当中都普遍佩戴护身符。展柜中出土的护身符实物主要为黑曜石雕成的手掌形小饰件,倒也小巧有趣,精彩的是,展柜上方一张图片截取《卡洛斯王子肖像画》的局部,显示这位才几岁的小王子居然也在左肩头佩有一件黑曜石手掌形护身符,与出土文物一模一样。对于委拉斯开兹的这幅名作,我也是多次看到,但从来没有注意到如此的细节。展览策划者正是通过这一生动的例子,让观众领会到黑曜石手掌形护身符曾经流行的程度之广。

出了展厅,便是继续在遗址上展开对于往昔时代的呈现,如院内一角是当初的草药圃,会有懂得植物尤其是草药知识的修女专门负责管理。伫立遗址另一端的教堂废墟内,柱身、墙壁上清晰沁印着层层水浸痕迹,尽管只剩石筑的框架,但依然不失气派。教堂外的回廊院虽则仅留有地面的残迹,但足以让人想象当年喷泉流水、石亭对矗、花木葱郁的幽美景象。

如果说马查多·德·卡斯特罗博物馆把葡萄牙的历史加

以纵向的贯连,那么,旧圣克拉拉修女院遗址展览馆则是截取了中世纪生活的一个片段,并以断面的方式呈现出来。仅仅通过这两座博物馆,游客就不仅对科英布拉,而且也对早期葡萄牙建立起具体的认识。

青春的大学城

今天,科英布拉的真正重要意义,在于她是葡萄牙最古老大学的所在地,老城内随处散布着各个院系的教学楼舍,是名至实归的"大学城"。

在 13 世纪末,葡萄牙国王把原本设在里斯本的大学迁移到这里,后来几经变动,终于在 16 世纪中叶永久地固定在科英布拉。到今天,科英布拉大学早已扩展为建制齐全的现代学府,不过,葡萄牙人不像我们中国人那么爱拆旧屋起新楼,新增的院系分散在山城的一处处古风建筑中,并未破坏城市的传统格局与既有风貌。所以,这里不仅存留着古王都的遗韵,更弥漫着历经几个世纪积累而成的人文氛围。卡萨庞巴尔旅馆斜对面就是一处文化名人故居,而我们在转悠当中,类似的名人故居随处可遇。

所谓的"大学老区"是科英布拉的最大旅游亮点,在这里,现代教育与悠久传统神奇交融在一起。大学老区其实只是三带古老楼群围绕一片空旷广场而成,原本是王宫,由国王若昂三世出让给大学作为教学楼，实乃科英布拉大学的心脏。楼群内部设有乔安娜图书馆，公认是世界上最华丽的巴洛克风格图书馆之一，本身就是一件工艺珍品，还有绚丽豪华的圣米格尔小教堂、颁奖大厅等等，都作为珍贵的历史文物吸引着世界各地的游人。

堪羡慕的是，这一群建筑至今仍然作为教学楼使用，法学院、阶梯教室、论文答辩大厅甚至学生食堂都设在这里。我和猫娘在寻找圣米格尔小教堂的过程中有点转向，沿着楼内的走廊一转弯，居然直接闯入了学生食堂，年轻学生们正坐在餐桌前就餐，对于冒冒失失撞进来的外国游客也是见怪不怪。也难怪他们淡定，大学楼内随处可见形形色色的游客踱来逛去，各种摆姿势拍照，与课间休息的大学生混杂在一起，本是这里的平常景象。

于是，专门开放给游客的参观区域与师生们的教学区交织在一起，观光、学习平安共处，就成了科英布拉老校区最可爱的特色。旅游团会在导游带领下，进入暂时空置的阶梯教室，排排坐到课桌后留影为念。这些教室都保留着19世纪的装修方式，能假装一下居里夫人时代的大学生，谁不觉得有趣？像一只珠宝盒一样精美奢华的乔安娜图书馆，也不仅满足观光客浮光掠影的好奇，仍然会接待学者前来查阅馆内的珍藏古籍。

实际上，嵌在教学楼中的胜迹有时会因举行校内活动而暂时向游客关闭。我和猫娘就没能参观著名的颁奖大厅，因为当天在这里举行学生的答辩会！不过，我们和其他游客一起，立在高层的走廊上，透过大厅上方的玻璃窗向内窥看，围观了一下答辩现场。但见大厅内部气派恢宏但光线暗淡，天花板四周悬挂着葡萄牙历代国王和王后的油画肖像，巨大的枝形水晶吊灯悬在半空，主席台正座上还端坐着身穿旧式教袍的主持人，但答辩的学生却面前摆着电脑，同时在大屏幕上投放PPT展示论据。更好玩的是，因为时值春寒，从穿黑袍主持人到答辩者，每人身旁都立着一台电取暖器，真是古老与现代相交错的奇妙场景。

走出教学楼，恰逢一群又一群即将毕业的大学生在广场上与亲人拍照留念，平时打扮时尚的男孩女孩此刻却穿上了黑色的学士袍，同周围岁月悠久的建筑衬在一起，让人立刻产生玄幻感，仿佛被甩出了现实的时空，飞落到《哈利·波特》的魔法学校，以致猫娘不禁脱口而出："我们是穿越到霍格沃茨啦？"

也许是因为正值旅游淡季，在科英布拉，我和猫娘并未碰上其他来自中国的游客。但是，就在第一天刚刚到达的时候，拿着导游书站在街头不辨南北，居然有一位国内来留学的小姑娘路过，主动上前为我们指路。她行色匆匆，似乎正在赶去上课，因此我们也没有拉她多谈。想来，就在不久的将来，这位勇闯异国求学的可爱女孩，也会迎来穿着黑袍在乔安娜图书馆前的广场上庆祝毕业的时刻吧。

佳肴与美点之地

一向只听说葡萄牙以美酒闻名,但从来不知道这个国家居然如此地善于制作糕点,热爱制作糕点,热爱吃糕点。葡萄牙是名副其实的美味糕点之国,可算是我这次旅游中惊喜也意外的一个发现。

在里斯本,就注意到几乎随处都会遇到精致不俗、宾客盈门的糕点店,店内或甜或咸的糕点总有几十种,而且似乎家家的出品都互不相同,看得人眼花,挑选时就觉得哪一样都诱人,都想尝一尝。到了科英布拉,则发现这里的糕点与里斯本居然在花色上差别很大,显然自有地方特色。在圣十字咖啡厅第一次品尝当地制作的酥饼,就觉得不像里斯本的点心那么齁甜,其清淡内敛的风格更适合我们的口味,于是越发有了考察本地点心的兴致。

在我们的体验中,一种叫作"气鼓"(suspiro)的糕点最为独特,它似乎就是面粉和糖做成,不知用什么方法形成蓬松而轻脆的状态,仿佛一块又一块不规则的海浪泡沫被凝冻住。咬一块入口,初嚼松脆,随即便逐渐融化,绵绵的颇有嚼劲,有点近似嚼关东糖的感觉,口感十分独特,大受我俩好评。说实话,比起我们所吃过的任意一款点心,在中国广为人知的"蛋挞"都弱爆了!

甚至卡萨庞巴尔旅馆提供的早餐里都有一款独特的松脆饼干，我在任何其他地方都没有见过。实际上，科英布拉确实以佳肴与美点著称，所以，在这里抓紧时间吃喝，也是理解葡萄牙文化的重要环节呢。于是我俩只恨自己肚皮不够大！第一天在罗曼门餐厅吃晚餐，一道烤章鱼就让我们啧啧赞叹，以致第二天意犹未尽地再次跑来，结果又吃到了令两人欣赏若狂的红酒炖牛肉。在这座古城，人们显然很会享受生活，在这家夫妻档的中型餐厅，我俩喝到了整个葡萄牙旅行期间味道最佳的一杯咖啡！

不过，高潮还属离开那天中午吃到的烤乳猪。烤乳猪是科英布拉的一道名菜，我们则争分夺秒地在一家名叫"宽门"（Porta Larga）[1]的餐厅品尝到了这款佳味。罗曼门餐厅的装修追求低调的雅致，虽然走亲和风格，但是着意细节，门口甚至种有莲花。宽门恰好与之相反，完全是快餐厅的样式，简朴而明亮，实际上也确实以可带走的烤乳猪三明治为一大特色。但是其菜肴之动人却不输大店，我俩点了半份烤乳猪，但是一吃上作为头盘的浓稠例汤就已然倾情了！至于烤好的乳猪，真是皮脆肉嫩，入口即化，如同含嚼玉脂，口腔里美好到无酒自醉。

葡萄牙餐厅里提供的饭菜份量超大，一直惹我俩惊叹，

---

[1] Rua das Padeiras 35, email:tonivasconcelos44@gmail.com

这次也不例外，两位闺友吃到只能挺着身子走道的状态，居然还有足够的剩肉可以打包带到波尔图。于是，当晚，我们在家庭酒店"丰迪纳之家"的开放式厨房里，用烤箱热了科英布拉的烤乳猪，配上刚买的樱桃酒、奶酪，还有酒店主人赠送的——原意是作为翌日早餐——当地特色面包，舒舒服服吃了一顿富有家居气氛的安闲晚餐。

至今，一想起宽门的烤乳猪，我的嘴里就自觉地涌满思念的口水。科英布拉实在太具人文关怀了，不仅满足万里游客的思古幽情，还体贴他们充满好奇与热情的胃，点赞！

在这次葡萄牙之行当中，除了科英布拉，我们还游赏了里斯本附近的辛特拉，波尔图附近的吉马良斯、布拉加，深感葡萄牙就像整个欧洲一样，有很多或许名声不那么响亮的城镇都值得前去探胜，绝不能止足于人人熟知的大城市。葡萄牙人有句谚语："在里斯本享受，在波尔图工作，在科英布拉学习，在布拉加祈祷。"我与闺友一次短游也算跑遍了谚语中所说的地方，只觉得每一处都很适合享受。

西游人巧遇东游记

旅行当中的意外邂逅最为有趣。在葡萄牙的大学城科英布拉参观著名的大学老区时,在乔安娜图书馆巧遇该国一本著名远东游记的纪念展,便既愉快,又长见识。

大学老区的教学楼外观浑朴,嵌在其内的乔安娜图书馆却精致富丽,倒仿佛藏在楼体内部的一件珠宝匣。这座进深三间的图书馆由若昂五世下令修建,天花与四壁采用意大利巴洛克风格,就像宫殿一样辉煌。依壁而矗的硬木书柜顶天立地,与其说是家具,不如说是分成上下两层的楼阁,保存着几十万册珍贵古籍。让我和同行闺友惊讶的是,这些宏伟的书柜尽管有着欧洲传统的造型与浮雕花纹,但却满布中国式的金漆花鸟纹样,显然,18 世纪流行欧洲的中国风也一样波及到这座图书馆内。

我们差一点错过图书馆的下沉式阅览室,经工作人员示意,才发现通过一道螺旋形石阶可以再下一层。像葡萄牙山城中的很多建筑一样,这一处所谓的地下室其实建在坡面上,一侧开有门窗,门外则是一所庭院,设有台阶转回到校区广场。与上层面空间的富丽不同,此处为建筑的基础部分,由粗壮的石柱撑起石砌穹顶,穹顶下陈设着供阅读者使用的桌椅。如今,室内一角辟为纪念品销售部,同时,在中间地带布置玻璃展柜,举办以书籍为专题的临时展览。让我们两个中国来客颇觉兴奋的是,此时这里推出的是费尔南·门德斯·平托(Fernao Mendes Pinto)的名著《远游记》(*Peregrinação*)一书的版本汇展。

坦白说,此前,我对平托其人其著毫无所知。借着乔安娜图书馆提供的介绍资料,事后又上网查询,我才明白,平托就出生在科英布

乔安娜图书馆木书柜上的中国风金漆纹样。

拉附近，他于1537年3月11日登上前往印度的航船，从此开始了在东方长达21年的冒险生涯。据他自己声称，其间他到过红海地区、中国澳门、日本、爪哇等地，身份则在士兵、商人、外交官、海盗、传教士之间不断转换，更曾多次被俘，一度被卖为奴。

1558年，平托回到祖国生活，并在晚年写出了《远游记》一书。在激起欧洲人对于东方的兴趣上，这本著作的影响力仅次于《马可波罗游记》，有趣的是，也同《马可波罗游记》一样，该书的可信度深受怀疑，因为其中充满了太多离奇的讲述。可能平托为增加吸引力而编造了很多自我吹嘘的故事，不过，研究认为，其基本内容仍然可信，具有史料价值。对于葡萄牙来说，这本著作更是脱离了"真伪"的范畴，因其文学价值成为经典，平托被认为是这个国家最优秀的散文作家之一。

《远游记》于1614年——明亡之前30年——首次印行，仅在17世纪，就翻译成6种欧洲语言，出现了18个版本。今年恰逢这本名著出版400周年，乔安娜图书馆出于纪念的目的，特意为之举办了一次版本汇展，不过陈列品均为20世纪的葡语版本。我和闺友作为两个中国人，在《远游记》面世整整四百年之际来到平托的国家，观赏他的祖国的文化、历史、风土，又在号称"世界最华丽的巴洛克风格图书馆"内面对这本神奇作品的多个现代版本，说来也真是令人感慨。

其实,在葡萄牙旅游时,始终感觉相当奇异。我们从欧亚大陆的最东端来到最西端,却时时邂逅所谓"地理大发现"以来东方包括中国在这里留下的痕迹,乔安娜图书馆内猝遇《远游记》不过是其中的一次经历而已。所以,对于地理大发现,我们真的应该表现出更多的兴趣,既了解欧洲人的观念与感受,也给出我们从自己角度出发的解读。

吉马良斯的奇遇

到葡萄牙旅游,吉马良斯属于必去之地。这座位于波尔图附近的古城是"葡萄牙国族诞生的地方",因此,抵达波尔图的第二天,我和闺友猫娘就乘火车前去揽胜,却幸运地邂逅此趟旅行中最美好的一次经历。

在吉马良斯,我俩闲转中无意间看到一座教堂——在葡萄牙看到教堂并不奇怪,不过此处有些特别,与这座教堂相连的古老建筑是座医院,大门旁还挂着一个格外醒目的方牌,大字注明:"若望·德·阿尔梅达博士,心脏病学家,吉马良斯奥利维拉圣母医院院长。"我俩不禁嘀咕:这是一座教会医院吗?大概我们好奇的样子非常明显,对面忽然有人大声用英语招呼:"可以参观!别站着,进去参观呀!过来,过来!"

只见医院大门前站着一高一矮两位长者,哇,一头银发,笔挺的老式西装,气宇轩昂又温文尔雅,真是那种似乎只有在布努埃尔、维斯康蒂影片中才会看到的旧派欧洲绅士,如今却在三次元的空间里向我们喊话。发出邀请的是矮个那位，他在温雅中隐隐流露南欧人的热情，语气神态却带有领导者不容置疑的权威感，以致我俩立刻很听话地走过去。

这位热情的先生问："会说法语吗？"我老实回答："会一点。""好，我也懂一点法语，可以向你们做一些介绍。"他说完就和高个绅士彼此道个别，然后引着我们走向教堂，一路告诉我们：这里原本是葡萄牙第一座圣方济会修道院，时代最早的建筑部分上溯到13世纪，此后，在15世纪、17世纪以及当代又有陆续增建。

银发先生带领我们参观了"吉马良斯圣方济教堂"，随后将我们引入教堂一侧的圣器室。尽管对欧洲宗教艺术完全陌生，但从天花板到墙壁的室内装潢，陈列的绣金法衣、圣器等等，还是能让我们意识此处非比寻常。事后，我在介绍书上读到，这里是葡萄牙藏品最为珍贵的圣器室之一。但在当时，因为不懂行，我们只有惊叹"美啊太棒啦"，此外便讷讷的说不出什么，银发先生也不以为意，只是耐心地任我们踱来踱去地观赏。

令我俩简直受宠若惊的是，随后，银发先生竟推开一扇标明"未经许可外人不得入内"的玻璃门，走进了迷宫一样的古老建筑内部。光线暗淡的走廊里，一切布置都古香古色，我印象最深的是墙壁高处悬挂的一系列肖像画，画中人物均为主教一类人物，既威严又儒雅，明显是这所机构几个世纪以来的历任领导人。银发先生却没有向我们提及这些画里前辈,只是告诉我们,此刻处身在17世纪的建筑内,这一部分如今改设为养老院与医院,其中,养老院接受葡萄牙全国各地晚景困难的老人。看我俩很腼腆,他就一再鼓励:"进房内看嘛!"于是我们真的走进一间养老房,顿时觉得再次穿越到布努埃尔的影片里:铺着雪白床单的老式床,老式衣柜,角柜上的花瓶,还有悬挂在墙正中的长串念珠与十字架……

接着,不知怎么转了几个弯,跨过一道门,便到了当代增建的楼舍中。这里与养老院的氛围相反,完全是现代材料、现代设计,色彩明亮轻快,是一座建制齐全的大型幼儿园。很明显,华发先生一向慈爱亲切,孩子们一见他就一派

与华发先生及幼儿园的孩子们合影。

欢腾，仿佛童话里的场景。也许当地的中国游客比较少，华发先生把我们带到一间幼儿教室里，很正式地向孩子们介绍："孩子们，今天有两位中国人来我们这里参观，你们听说过中国吗？"这些三四岁的娃娃当然没听说过中国，也是头一次见到亚洲面孔，都惊呆了，好奇地盯着我们。华发先生转向我："中文里'你好'怎么说？"我用中文向孩子们说了一声："你好！"然后，老先生就教导孩子们一起大声说中文的"你好"！

接下来，华发先生带我们参观了每一个幼儿班，在每一处，都向孩子们介绍来了中国人，并且教他们说中文的"你好"。最后到达一间大厅，这里一半是音乐教室，一半是设有舞台的小剧场，一位年轻男老师正抱着吉他，与一班孩子坐在地板上，给他们上音乐课。照例做完介绍、学说中文"你好"之后，男老师竟立刻以"Bom dia"（葡萄牙语"你好"）起兴，编了两三句简单的歌词，随口配了调子，弹起吉他，带着孩子们一起唱，用歌声一直把我们送出教室。这时，来了两个中国人的消息显然已经传开了，遇到的老师们都已经学会了中文"你好"，用不标准的发音笑着向我们问候。整个过程中快乐和友善的氛围真的暖人心扉。

接着，慷慨的老先生又把我们引回到古老建筑内部，几乎带我们转遍整座机构的每一处，包括老人们在静静祈祷的内部教堂。其间数不尽的华美文物让我们觉得眼睛不够用，久经岁月的建筑群时而与历史衔接、时而与现代交错的巧妙运用更是引我俩一再惊叹啧啧。比如中庭回廊一侧的哥特式小堂被改为专门用来演唱中世纪圣乐的音乐厅,而13世纪的石拱屋顶下居然是内部食堂,摆设着整齐的餐桌。在餐厅里,一个细节让猫娘和我都不禁莞尔。葡萄牙人始终有看重瓷器的传统,华发先生也不例外,一言不发地特意把瓷器柜完全打开,让我们欣赏这里的收藏。猫娘也非常会意地认真对着柜内陈列拍了照片,表示重视。

最后,华发先生带我们到达一间中世纪风格的小厅内,这里已经改为办公室——在英国电影中会见到的那种气派而庄重的办公室,刚才和他道别的高个绅士此刻就坐在室内等他。至此,他送我们两人一人一份教堂简介,又亲自把我们送出门外,简洁而礼貌地道别。参观过程中,我和猫娘都看出他无疑是这里的最高领导者,不禁嘀咕他是否就是阿尔梅达博士本人?更好奇的是,这位先生是否同时也是神职人员?

特别让我敬佩的是,这里明显是教会机构,但华发先生引我们参观的时候只是自豪地强调历史悠久、文物丰富,却只字不提宗教。以我俩在教堂里懵懵懂懂的样子,明显不是教徒,对于基督教一窍不通。但,他既没有因此疏远我们,也没有借机传播教义。相反,他似乎是照顾我们的背景,只大体介绍这所机构在历史上与圣方济会的密切关系,除此便没有涉及任何细节。即使在圣器室,他也只是任由我们观赏历史文物的古老与华美,丝毫不提及这些珍贵收藏在教会层面上的意义。那些挂在墙上的历代领导人肖像也被他忽略,尽管我非常好奇,但却不知该如何发问。只有一次,我用法语结结巴巴地问道,这么规模宏大的一组建筑,最初是谁来兴建?是贵族赞助,还是教会出资?他愣了一下,简略答道:是由圣奎尔特(S. Gualter,意大利阿西西的圣方济的弟子,被圣方济派到葡萄牙,在吉马良斯这里创办了葡国第一所方济派修道院)创建。事后,我翻阅他送的教堂简介,才吃惊地得知,圣奎尔特的遗骨就供奉在我们最初参观的圣方济教堂里,但华发先生居然只字未提,以致我们竟然就这么错过。

然而,短暂参观当中的所见所闻让我俩非常触动。13 到 17 世纪的石筑建筑仍然在有效利用,并且,是把圣方济派救弱济贫的传统加以延续和更新,与当代世界成功地融合在一起,对我们这两个中国人来说倒是从来没有过的见闻。

这次起兴约朋友去葡萄牙短游,本来只为休息放松,不料却几乎在每一条岔路口都有缘开阔眼界。像在吉马良斯奥利维拉圣母医院遇到的这位不知名的长者,就以他开放的襟怀令我们接触到一个古老伟大传统的新生,幸甚至哉。

布拉加的圣骨崇拜

与朋友一起到葡萄牙短游十二天,最让我惊讶的就是该国至今盛行的"圣骨崇拜",数不清的圣徒遗骨被供奉在教堂之内,以便信徒可以向着它们祈祷与许愿。

英语中的"relic"这个词汇,我本不陌生,接触欧洲宗教美术时往往会遇到,参观涉及中世纪艺术的博物馆,也经常看到各种当初用于盛放"relic"的工艺品。不过我一直把"relic"理解成"圣徒的遗物",以为多半是圣徒生前的毛发、指甲、衣服碎片之类,根本没想到这个词其实主要是指人骨,真正的人骨。然而,到达里斯本后就发现,几乎每一座葡萄牙的教堂里,都会有至少一两座祭台上陈设着多位圣徒的遗骨,更确切地说,是陈设着盛有圣徒的人骨碎片的各种华美工艺品。

这些供奉圣骨的容器拥有若干固定样式,不过都是涂金嵌宝,制作时不惜工本与心血,或以绚丽取胜,或以灿烂动人。常见的一种是一只彩绘的手臂,手掌伸向天空,臂内留有空腔，放置一节臂骨或腿骨，正面蒙护一层透明玻璃。在里斯本的一座教堂里，一处祭坛上由低向高摆设了七八层这种人手式圣骨盒，形成一座指天手臂林立的袖珍金字塔，视觉上相当具有冲击力。

还有一种令人印象深刻的形式，是雕塑出圣徒或天使的立体半身像，凭借彩绘把眉眼发肤连同衣饰呈现得栩栩如生，同时在其前胸正中开一个圆洞，内里放一小片碎骨，表面护以玻璃。此外也有各种不那么惊悚的样式，如把圣骨盒做成一个圆盒，由一圈镀金的放射形火焰纹环拱，伫立在单足支座的顶端。

以前在法国的博物馆里也屡屡看到圣骨盒，但一般都是把其中供奉的遗骨移走，单纯把盒子本身当作艺术品来展示。可是，在葡萄牙，教堂附属的宗教博物馆里，手臂式或半身像式或其他样式的圣骨盒仍然保贮着小片人骨，矗立在一个又一个展柜里，面对着游人，这可真是我从来没有过的体验。尤其是在科英布拉的宗教博物馆，展柜里的圣骨匣数量之多，简直让我和同行闺友不知所措。

我们最自然的困惑就是，怎么能有这么多的圣徒遗骨？只能说在葡萄牙圣徒非常之多，很多生前品行高洁的主教、修女甚至贵族、贵妇身后都成为了圣徒。让我俩可说震惊的是，这里不仅流行供奉圣徒的碎骨，更流行把圣徒的整具遗骨直接供奉在教堂里！不止一次，进入教堂漫步观赏，拿着相机东拍西拍，忽然就看到一具玻璃罩式的透明棺盒安置在一座祭台的正前，里面是一具经过髹漆之类处理的完整遗骨，身上久经岁月的服装已经黯淡，漆壳的破碎处可以清楚看到其内的骨骸。

在号称葡萄牙"宗教之都"的布拉加，我们由导游带入一处小教堂内，但见当中安置着一具石棺。导游说葡萄牙语，我只勉强听懂，棺内安息着一位重要历史人物——大主教迪亚哥·德·苏萨（Diogo de Sousa），对本城建设有重要功绩，此棺原本放在小教堂的深处，后来才被挪到光线更清楚的地方，以便人们观瞻……听到这里，我才注意到，石棺的顶面是一层毛玻璃形成的半透明罩，隐隐可见其下穿着法衣的人形。敢情这位16世纪的大主教的遗体一直被特意暴露在天光之下！导游还指着遗骨的当胸处，说有个什么细节很珍贵，反正我和闺友都没有勇气凑上前去察看。

随后，我们又发现，一位上世纪50年代去世的修女因为德行高尚也受到圣徒式的崇敬，其棺木一样被陈列在布拉加大教堂的侧廊里。就在我和闺友忍不住嘀咕议论的时候，一位体面的葡萄牙中年女性走过来，向香火柜里扔了点钱，然后便对着修女的棺木低声祈祷，平静而虔诚，搞得我俩倒觉得自己怪无礼的，赶紧拿起脚走了。

在我印象中，基督教的教义本该禁止崇拜上帝之外的任何其他偶像。真没想到，在葡萄牙，崇拜圣徒的遗骨居然是信仰中的主流。因为不了解宗教，也对葡萄牙缺乏基本的认识，所以不敢对这样的信仰形式妄加评议，只能说，像我这样深受中国传统"入土为安"观念影响的人，突然面对一种与自己的习惯完全相悖的现象，那是相当地不能适应。另外，在我所到过的其他欧洲国家如法、德、意甚至西班牙，类似的圣骨崇拜虽然也曾经是普遍现象，但似乎都远不像葡萄牙这样夸张。因此，就我而言，这是一次完全新鲜的体验，似乎，对于人类文化的多样性增进了感受。

如果说在布拉加大教堂里小小地受到了一点震撼，随后却意外地以异常的快乐轻松为这一天收尾。我们逛向古城的闹市地带，忽然看到一群古罗马打扮的男女吹弹着包括风笛在内的各色传统乐器绕街缓缓行进。原来，时值三月末，又是周六，这座宗教之城已经开始为每年四月的重要节日"圣周"预热了！我和猫娘尾随着这支表演队伍看热闹，随即又撞见，一家咖啡馆前搭了凉篷，一群穿着民族服装的年轻男子正在篷下弹琴歌唱，吸引了无数路人含笑围观。

我俩正想歇脚，便在凉篷前的露天咖啡座占了张桌子坐下，随即从桌上摆放的精美宣传页得知，这家名叫"巴西风"（A Brasileira）[1] 的咖啡馆为纪念开店 107 周年，在当日，也就是 3 月 29 日周六这一天，从中午到晚上，举办为期半天的

---

[1] Largo de Bara de S. Martinho

正在演出的米纽大学民乐团的大学生们。(李华摄)

艺术节。活动包括一系列的音乐演出,我们恰好赶上本地区米纽大学的大学生民乐团表演民族歌曲。一群大小伙子拿着各式乐器连弹带唱,歌曲欢快明朗,其中一位还在队前随歌起舞,舞姿矫健,那种男性的健朗、青春的活力像是阳光照亮了看客们的脸庞,围观的大人小孩也全都是开心的模样。

我去巴西风咖啡馆的室内转了一转,发现装潢典雅华贵,厅深处正由一位姑娘拉着大提琴演奏古典乐曲,同样是宾客云集,呈爆满状态。一家咖啡厅就可以如此有声有色地组织一个音乐节!很显然,巴西风咖啡馆的周年店庆日是布拉加圣周预热活动的一个部分。我们喝着咖啡观赏米纽大学民乐团演出,周围不时出现其他一些学生表演团体,大概是准备去什么地方演出,或者刚刚演出结束,赶过这边来凑热闹。那支装扮成古罗马人的游行乐队也几次转回到这里,又一路吹奏着走远。

米纽大学民乐团的演出终于结束,看客们都觉得兴犹未尽,乐团中的小伙子们又忙着开始向游人推销演出门票。其中一位帅哥就来到我们桌前,用英语告诉我们,再过一会儿,也就是八点钟,会有米纽大学创意与文化联合会举办的民乐演出专场,希望我们买票支持。我说,哎呀,我们马上得坐火车回波尔图。小伙子大方地回答,门票只要1欧元,实际上是为保护民乐传承募捐,希望大家都支持一下。于是,我和猫娘真的花2欧元买了两张门票,带回家作为纪念。一个周末就有如此密集的音乐表演,这哪里还是什么预热,根本就是借着预热的名义正式过节了嘛!

我真好奇,节日的前夕就欢乐成这样,不知圣周到来之后,这座古城会是什么样子?好希望能够亲身体验一次。

到久已听说的"宗教之城"观光,本来预计会好好体验一把庄严的宗教气氛,实际上也确实遭遇这里的圣骨崇拜而小受惊吓,谁知,随之而来的却是整个葡萄牙旅程中最为轻松和开心的三个小时,与当地人一起享受了音乐、阳光、甜点和帅哥。如果真有民族性格存在的话,那么葡萄牙人的民族性格究竟是怎样的?也许至少可以说,这里的人们很善于虔诚,同时也很善于快乐。

波尔图的高级料理

波尔图目前颇为萧条,萧条中又随处流露着昔日富裕气象的余韵,让我等匆匆过客也多少要生些无端的惆怅。

对于游客来说,当今的波尔图倒是旅游的理想去处,因为不景气造成物价便宜,几乎各方面的价格都比里斯本更低。同时,由于往昔积攒的底蕴犹在,这里的生活方式相当讲究,在点点滴滴里,让远来的游人也沾光。另外,波尔图人,包括生意人,给人的印象是实诚、豪爽、带有古风的文雅,搞得我们这两个从"文明古国"杀来的女汉子每每一惊一乍,挺不适应。比如,这里的男子居然还会鞠躬致意。到达后的下午,我们冲到该城最繁华的商业大街——圣卡特琳娜大街闲逛,闯进一家工艺品店,恰逢店家正要关门,店主是个三十来岁的男子,在示意我们离开的时候,歉意地微笑着一再微微鞠躬,那种不失自尊的多礼让我想起当年真正的老北京人,而今,那么优雅的老北京人早和山顶洞人一样绝迹了。

尽管历史上是港口城市，商业发达，好像并没有让这里的人变得势利狡猾。近年来经济不振，也未能驱使他们因为急着捞钱就不择手段，改变性情。相反，做生意以诚意为本，是始终奉行的法则。波尔图的联盟者大道位于地区交通枢纽圣本托火车站附近，重要景点、精品商店与酒店分布其周围，是外国游客集中出没的地段，我们在这一带晃来逛去，几乎没遇到欺客的现象，反而感受到当地人的大方实诚。

逛波尔图的那一天，我们在这条大道旁一条斜街上的匝匝快餐厅吃午饭，点了一份汤，告诉侍者大哥，请给我们个空碗，我们要分享——因为葡萄牙菜量大，我们一路都采用这一分享策略。侍者大哥听了点头，然后端上来两碗汤，猫娘当即被打动了："这根本不是一碗汤分成两份，两碗都有大半碗汤，明显多给咱们了！"

第二天晚上，我们从布拉加赶回波尔图，决定还是在联盟者大道解决晚餐问题，就挑了街旁一家看着不错的"林荫大道餐厅"（Avenida Café & Restaurante）[1]。就坐之后才发现，这里其实是一家以售卖美酒为重点的品酒吧，装潢格调不俗，倚墙酒架上酒瓶琳琅。难得的，我们这一次与葡萄牙人的就餐时间同步，餐厅里坐满客人，侍者们颇为忙碌。点菜时想，波尔图是葡萄酒名产区，到了这里怎么的也得喝点

---

[1] Avenida dos Aliados 66–68

酒吧，就告诉招呼我们的侍者大哥想来杯酒。人家问，喝哪种酒？我俩对酒一窍不通，就说，波尔图红酒？侍者大哥于是说，那么，由我来给你们推荐一款好酒吧，我先倒一点给你们尝尝，看喜欢不？

然后，他真的不嫌麻烦地返回柜台，在一只高脚玻璃杯里倒了一点红酒，再送给我们。那酒味确实不错，于是我们说，好呀就要这个，但是我俩不能喝酒，所以就点一杯，但请分成两份。侍者大哥一点也没有不高兴的意思，只是点头表示明白。等他把两个酒杯端上来，猫娘又感慨了："给咱们的根本不是半杯酒，每一杯都装了大半杯！绝对不止一杯酒分成两份的量！"

既然到了美酒的产地，就算一点不懂，但总是想要感受一下的，加之侍者大哥又强调他推荐的是一款好酒，所以我们很自然地做好了心理准备，觉得会小小破费一下。结果账单一上来，我们喝的这"一杯红酒"的价格是 2 欧元（不到 17 元人民币）！加上一道绿菜汤（1.5 欧元）、一道本城特色名菜"波尔图炖猪下水"（Tripas a Moda Porto）——配一大碗米饭（8 欧元）、一盘面包（3 欧元）、一份鸡蛋甜点（1.5 欧元），居然只花费 16 欧元（约 140 元人民币）。激动得我当即发微博狂赞波尔图人不欺生客。

甚至，在回到中国之后，我们在波尔图所住家庭酒店的老板依然继续传递着当地人的善良与热情。是次葡萄牙之行，我和猫娘在行前有意预定了三类不同的酒店：在里斯本时入住五星级的阿尔蒂斯大酒店，转到科英布拉后则是名气不小的民宿式（guest house）酒店卡萨庞巴尔，在波尔图为备受好评的家庭旅馆丰迪纳之家，回到里斯本后于阿尔蒂斯酒店系统的另一家——阿尔蒂斯大道酒店度过归国前的宝贵时光。其中，丰迪纳之家是我们行程中最享受的一站。

丰迪纳之家（Fontinha House）[1]实际上是独门独户的一套完整公寓，入门即是陈设讲究的客厅，壁炉、钢琴、西式写字台一应俱全，甚至在沙发畔安设了供儿童骑坐的摇晃式木马，简直太符合小资梦想有木有！壁炉两边，以错层的形式，一边是主卧，一边是开放式厨房。厨房的下方则为通向客卧的通道。有意思的是，葡萄牙的城市似乎都建在山丘上，于是很多房屋的格局类似重庆，卡萨庞巴尔和丰迪纳之家即是如此：

在卡萨庞巴尔，以进入旅馆的门厅作为标准，要到早餐厅去，分明是下楼梯前往地下室。但在餐厅落座后才发现，窗外竟是一处小巧庭院，摆着桌椅，盆花吐蕊。原来所谓的地下室不过是顺着山坡降了一级，照样有门有窗，敞亮舒适。

在丰迪纳之家，同样，客卧似乎是地下室，但一旦进入就会发现窗外是小巧院落，与邻居隔窗相望。我与女伴在

---

[1] Rua da Fontinha 22–24, fontinhahouse@gmail.com; http://fontinhahouse.wordpress.com

里斯本、科英布拉都是分享同一间客房,到了波尔图后,在丰迪纳之家,可以各自拥有一间带独立卫浴的卧室,这就让人得以很好地缓解旅游劳顿。大概也是因为波尔图整体物价便宜的缘故,这样一套设备齐全、安静舒适的公寓4晚只要260欧元,约2200元人民币,也就是说每晚只要500多元。

话说,归国之后,我发现在波尔图买的一对鱼鳞制的小耳环不见了,完全不抱希望地去信给丰迪纳之家的老板询问,并且特意说明我并不确定耳环丢落的地方,只是问一问而已。结果,老板先生立刻回信说:我儿子收拾房间时,在沙发下发现了这对耳环,请你告诉我地址,我寄给你。哇,我真是喜出望外!写信感谢之余,赶紧表示,这个邮费我一定想法偿付。结果人家一再婉拒,然后,不久,我就真的接到了从波尔图寄来的小邮包,其中是用葡萄牙传统工艺制作的那一对耳环。

虽然是件小事,但真的让我有些感动。这家酒店在网上好评如潮,因此生意红火,天天客满。一年当中住客来来去去,川流不息,其中偶尔有一位遗落一对耳环,老板居然肯不辞麻烦地帮忙寄到万里之外的对方家里,这得需要多么敬业的态度以及与人为善的襟怀。说实话,如果嫌麻烦,他完全可以简单地回我一句"没见到"。

所以,从各方面的情况而言,外国人在波尔图游玩会是很舒服的经历。就像我和猫娘,很意外地,在这里误打误撞，两次以极舒心的价格享受到高档西餐料理。

第一次是在波尔多附近的吉马良斯，这座名胜古城在2006年被联合国教科文组织宣布为世界文化遗产，不仅古堡、教堂、修道院记录着自12世纪以来葡萄牙的悠悠岁月，老城部分更是相当完整地保留着中世纪的格局。

让我和猫娘啧啧叹赏的是，这片老城虽然拒绝推平重来的简单粗暴的发展方式，始终坚持几个世纪前就形成的整体风貌，但是，并没有变成被隔离、被空置的文物。相反，当地人仍然生活其中，在这里居住，开商店与餐厅，设置各种公私机构，结果兴旺的人气反而滋润了古建筑，让它们能够一直获得良好的维护。这种传统与当代的完美融合尤其体现在具有中心地位的奥利维拉广场，它为坚固的中世纪教堂与石筑楼房环拱，但那些楼房的底层却开设着一间又一间各具特色的餐厅，惹人留恋。

黄昏时分安静的气氛令我们不愿离去，便在奥利维拉广场随机挑选了一间看着颇为雅致的餐厅，一进门才发现内部空间深邃而气派，装潢采用简约风格、几何样式的现代设计，以乳白色为主调，并利用镜面、银色金属饰件的清冷闪光进行视觉上的调节，设有酒品琳琅、规模不小的酒吧。没想到一幢古屋内竟然潜伏着高端大气上档次的餐厅，远非我们习惯撞见的家庭经营的中档馆子，倒让人大有新鲜感。

点菜时才从侍者小哥口里得知，楼上就是四星酒店"奥利维拉旅馆"（Hotel da Oliveira）[1]，由一家旧式客栈彻底翻新而成，这家名叫"乌尔"（Hool）[2]的餐厅乃是旅馆的附属设施。要了张餐厅的名片，居然标有脸书地址[3]，足见这家旅馆、这家餐厅在努力让古老的名城嵌入到世界最新潮流中。菜单自称"吉马良斯特色"，结果上来的烤羔羊排骨（Carré de Borrego）是法餐风格的摆盘，不仅烹制讲究，在布置到盘面上时更是如创作抽象画一样着意。大白盘上，一片三角形羔羊肉、一块羊排骨，还要摆成对比造型，肉片平趴，旁边排骨戳立着把四根骨头指向天空，上面且洒着些普通葡萄牙餐馆里绝对不会出现的生豆苗。哎呀也算无心当中撞上了与当今欧美潮流同步的高级西餐料理！

不过，到底是葡萄牙人做高级料理，绝不至于真像法国大厨那样只在盘心很袖珍地堆上一点东西，羊肉和羊排骨的分量不小，足够我俩分食。厨师的调制手法很有特点，羊肉用蜜酿过，肥腴当中，有需要用舌尖仔细探索的甜味，细腻精致，一反我们一向吃的葡菜的平民气质。用餐当中，夜幕沉降，广场周围的建筑立面上亮起一串串彩灯，照亮着寂寂少人的空庭。因为远未到葡萄牙人的晚餐时间，所以只有我们一桌客人，空旷的餐厅与窗外的中世纪广场此刻都属于两

---

[1] www.hoteldaoliveira.com

[2] Rua da Santa Maria, Largo da Oliveira, hool@hoteldaoliveira.com

[3] www.facebook.com/hoolrestaurante

圣弗朗西斯科教堂的辉煌内景。

个过客独享。这样难得的高品质享受，结账时也不过22欧元(约190元人民币)！

第二天，我俩在波尔图市内转悠，迫暮时分参观巴洛克风格的圣弗朗西斯科教堂，教堂内部异乎寻常的辉煌奢侈令我们瞠目，不禁感慨这座城市的昨天曾经何等富有，又免不了为其今日的衰落叹息。在走出教堂大门时，猫娘向右侧墙壁上的大窗内看了一下，惊奇道："那里是个餐厅！"哇，紧挨着教堂的餐厅，而且似乎颇为豪华，我们立刻好奇心大起。

原来，这是开设在波尔图股票交易所内的高级餐厅，就叫"商务餐厅"(Restaurante o Comercial) [1]。1832年，圣弗朗西斯科教堂侧旁的回廊被大火烧毁，随后在回廊的位置

---

[1] Palácio da Bolsa

上建起了宏伟壮观的股票交易所,难怪开在其内的餐厅竟会与教堂毗邻。这个交易所可说是用自身形象来宣布资本为王的宫殿,无论室内高度、楼梯尺寸还是立柱的体积都庞大到与人体不成比例,显得人很渺小,也让人觉得自己渺小。前往餐厅要经过交易所的中央大厅,空荡荡、冷森森、灰蒙蒙,俨然19世纪新兴资产阶级雄心勃勃、不可一世但呆板无趣的最好呈现。从来没有如此的一刻,让我感觉就处身在马克思、左拉与福斯特所描述的世界里。

凑趣的是,当晚还下起了瓢泼大雨,雷声似乎劈裂了夜空,以致点菜时帅哥侍者忍不住望了一下天,嘟哝一句:"噢怎么至于这样!"非常奇妙地,泻瀑般的急迫雨声让我更加感觉似乎是浸淫在福斯特小说《莫里斯》的氛围中。这一刻,我忽然产生了一个以前没有过的想法:其实莫里斯才是他那个时代的主人,因为他属于金融资产阶级,是资本的拥有者,更是玩弄资本魔术的魔法师!他家自己就拥有一家股票交易所啊!相形之下,克莱夫不过是守着祖传产业的绅士,正在难以察觉地缓慢走向没落。莫里斯在克莱夫面前那么自卑,那么被动,是个人性格的原因,也是暴发户的心虚,他完全不知道自己的优势,自己的力量。

穿过空旷大厅去卫生间的过程,坐在窗外暴雨如注、天花板高到不像话、清冷潮寒的餐厅一角等上菜的过程,似乎也让我明白了何以福斯特非让莫里斯最终与阿力克一起去做伐木工。如果终日衣冠楚楚地在类似这样的空间里社交,敏感的灵魂都会厌倦吧。

经侍者善意推荐,我们点了一份套餐、一份主菜。菜品自然也是法餐式摆盘,连蘸面包的橄榄油碟,滴在其中的一滴醋都整得像是赵无极的作品,一点不规则的黑色圆晕在油当中浮着,还拖出点点溅痕。这顿大餐是我们整个旅途中最贵的一餐,但也不到70欧元(少于600元),性价比实在划算。很难想象,换一个城市,如此的场合,如此水平的料理,会是这样的一个价格。

想一想也不奇怪。作为著名的波尔图葡萄酒的产地,这座城市吸引着全世界的葡萄酒爱好者,能把品饮美酒当人生重大事业的家伙们肯定同时还是老饕,"食不厌精,脍不厌细",一定要有美食相伴佳酿才成。这就刺激了波尔图的餐饮业,于是,虽然整体经济不景气,但靠游客维持的高档餐饮业却很发达。因此,在波尔图享受一下高档西餐料理,倒是不错的选择。尤其是对欧洲金融资产阶级有兴趣的人,不妨也去股票交易所吃上一顿,体会一下莫里斯所曾经身处的氛围。

葡萄牙美味五题

葡式酿蟹斗

据说欧洲许多国家的人不吃螃蟹。托阿尔蒂斯大酒店的福,我亲口验证:葡萄牙人吃螃蟹!并且吃得很有讲究。

初春三月的葡萄牙之行,首站里斯本,我和旅伴猫娘入住阿尔蒂斯大酒店(Altis Grand Hotel)[1]。在第三天,我明显感觉到一笑起来两个腮帮子的分量加重了,到第五天,笑起来的时候眼缝都变小了,阿尔蒂斯大酒店的早餐功莫大焉。这家酒店的早餐厅提供胶囊咖啡由客人自己动手冲泡,仅这一点就让我这个咖啡狂开心不已。还有八种花草茶可以选择,则让品茶爱好者猫娘兴致勃勃。至于生三文鱼、包括该国名牌圣豪尔赫牌奶酪在内的多种奶酪、火腿香肠、水果乃至面包等等,让每个早上都在"一定少吃早餐留些肚子给中午晚

---

[1]　Rua Castilho 11

阿尔蒂斯大酒店的餐厅侍者哥儿不仅年轻帅气,还很有摄影天分,随手便替我们拍下了这样一张临窗享受早餐的留影。

上的大餐"的誓言中开始,而到底在停不住嘴的情况下结束。

话说,就在第三天早上,我俩神采奕奕地起床,满怀热情地直扑早餐厅,结果因为我调错了手机上的时钟,居然提前了一小时!为了打发等待餐厅开门的这一小时,我们便到酒店外闲逛,这下发现出酒店后向右手方向走到头便是一条名为萨利特雷街(Rua de Salitre)的细长斜坡街,街两旁分布着多家餐厅,甚至包括一家藏餐馆,分明就是一条档次不低的美食街。这条长街直接通向名牌店云集的自由大道,在将近街口的地方,有一家名为"老灶"(Forno Velho)[1]的餐厅,挂着"金牌厨师推荐"的招牌,号称经营传统葡式美

---

[1] Rua de Salitre 42, fornovelho42@hotmail.com; www.fornovelho.com

食,样子很是诱人。

当天中午我俩就奔赴老灶,却没能遂意,因为刚巧这一天的午餐时段被当地人包场,不接散客。既然生意这么红火,那么肯定水平不错喽!于是我们毫不气馁,晚上又杀过去,这份执着获得了回报——吃到了螃蟹。

葡萄牙濒临大西洋,历史上渔业发达,所以海鲜是该国美食的亮点之一。我们一到里斯本就感受到了这一点,因为临街餐厅都在玻璃窗里展示着各种鲜海鱼,菜单上鱼类菜也占很大分量。葡萄牙的海鲜不仅新鲜肥美,还有个巨大优势就是价格实惠,至少与北京相比是如此。于是我们认真依照导游书上的建议,几乎顿顿都吃海鲜——烤鱼、蒸鳕鱼、鳕鱼拌炸土豆丝沙拉、海鲜杂烩饭、铜锅焖海鲜、墨鱼沙拉,其中最精彩的一款是科英布拉罗曼门餐厅的烤章鱼。在嘴巴忙碌的同时我很自然地蹦出了一个念头:这里吃不吃螃蟹?

没想到这么快就在老灶餐厅解决了疑问。点了他家菜单上的招牌菜"海鲜盘",结果发现应该具体地说是"壳类海鲜什锦盘",其中的主角正是一只大海蟹。这只海蟹的大钳与蟹脚全部劈下,与两种大虾、海蛎子、青口一起放入兑有酒与调料的清汤中煮熟,然后被精心地堆簇在一只大圆盘上,拼放得像一朵灿烂绽放的硕大花朵。同时,餐厅还提供两份专门夹碎螯、脚的特制钳夹,顶部弯起,用于挖出螯、脚内蟹肉的双齿叉,可见葡萄牙人民在吃螃蟹上经验丰富,

老灶餐厅的海鲜盘。(李华摄)

和我们中国人一样专业。

有特色的是,蟹壳中的膏肉与蟹黄经剔出剁碎,加入调料,拌成酱状沙拉,再回填到壳内,于是,一只堆着淡粉色蟹酱的完整大蟹壳雄赳赳地躺在海鲜拼成的大花顶部。这蟹酱酸酸甜甜,柔和清爽,我俩自动发明了用面包蘸食的方法,一边吃一边夸赞。

没想到在葡萄牙不仅吃到螃蟹,而且还是"酿蟹斗"式的做法。中国自古就流行把螃蟹的壳、螯、脚内的膏腴挖出剁碎,然后填到蟹壳内,再加以炸或蒸,称为"酿螃蟹"、"酿蟹斗"。据唐人刘恂《岭表录异》记载,早在唐代,广东人就流行用这种方法将螃蟹制成美味。当然,与中式酿蟹斗相比,葡萄牙的酿蟹斗只用壳内的膏黄与脂肉,加多种调料拌成酱状沙拉,风味完全不同。自从葡萄牙的"大航海时代"以来,这个国家与中国在历史上有过颇为复杂的交往,在我们短游期间，随时都能发现两国的传统文化互相影响的痕迹。不知葡式酿蟹斗是否也曾受过中式酿蟹斗的启发？

不管怎样，在葡萄牙饕餮包括螃蟹在内的海鲜，实在是格外愉快的美食经历。就如老灶餐厅，虽是位于里斯本最为繁华的中心区域，附近高档酒店与名牌专营店遍布，但仍然秉持该国餐饮业诚谨待客、份大量足的作风，作为招牌菜的这一大盘海鲜居然只要49欧（约400元人民币），所以当晚我俩的笑容也相当灿烂。

令食客钟意的还有老灶的整体气氛，既有一定档次又不失家常，既服务于里斯本的国际旅游业又植根本地乡亲。一位年轻的黑人侍者熟练操着英语法语，热情周到，可同时还有个女招待是一句外语不懂的本地姑娘，我们偶尔一和她说话，她就会受惊似的一跳，然后紧张地转身去找侍者大哥。整晚都有歌手坐在餐厅正中，抱着吉他弹唱葡萄牙民谣，我们左边是一个大家族围在一张长餐桌旁聚餐，祖孙三代二十多人好不热火，右边却是一位西班牙男人陪着打扮优雅的母亲，显然也是住在附近酒店的游客。

吃过葡式酿蟹斗，我们翌日便出发转战科英布拉、波尔图。从波尔图返回里斯本之后，入住同属阿尔蒂斯酒店系统的另一家酒店——阿尔蒂斯大道酒店。均以"阿尔蒂斯"冠名的两家五星级酒店相距并不远，都在号称"里斯本香榭丽舍大街"的自由大道附近，所以从大道酒店去老灶餐厅很是方便,再加上对老灶印象太好,于是我们在归国的前一夜再次跑去吃晚饭。这次头盘点了黑猪火腿配奶酪,不过十来欧元,不仅好吃到要死,关键是同样的东西一旦到了北京那是什么价格!主菜点了葡萄牙特色做法制成的"卡塔坡拉纳铜锅焖海鲜",浓汤里虾、鱼块伴着土豆、蔬菜,尽管烹制手法不同了,但量大份足还是一样,海鲜的新鲜滑嫩也是一样。这是我们开足马力在葡萄牙的最后一顿"大餐",结果也才花了40多欧元(300多元人民币)。

因为旅途匆匆,我们在葡萄牙期间只能随机填肚皮,社区小馆、快餐厅、糕点店甚至火车站的小吃店都尝试过。如果有时间吃正餐的话,也会尽量找个规模档次都不错的餐厅,一路上让人最舒服的就是老灶这种中档餐厅,老板和招待见过世面,都习惯于接待言语不通的外国人,大方热情周到耐心,但不卑不亢。像在辛特拉时由导游小伙子推荐的潘多阿(Pendôa)[1]餐厅,藏身在曲巷内,由三个胖大妈经营,餐厅的一半还摆着当地旅游品出售,一盘蒸鳕鱼分量大得惊人,并提供一种辛特拉本地特色甜点。我们拉着导游一起向那一盘鳕鱼进攻,过程中胖大妈时不时地和导游聊天,"你最近忙什么啊"之类的,气氛轻松亲切。

在这样的餐厅里,菜单上清一色标准葡菜,但往往拥有

---

[1] Rua de Pendôa 14, pendoasintra@gmail.com

自家特色，拥有几道秘不外传的私房绝招。不管哪个环节的菜品，一定分大量足，价格也很实惠，靠诚实经营取胜，不会宰客。我们两个女人每次一般会点两道正菜，再加一个面包篮、一个腌橄榄之类的小吃盘（含泪诚告，绝对不能放过餐前开胃小吃腌橄榄！），两杯饮料或酒，花费大约总是二三十欧元，甚至只有十几欧元，而且撑得要死还吃不完。因此一直纳闷，谁能一个人把那么大一份菜独力消灭掉？每盘菜都配那么多的煮土豆或者炸薯条，除了喂眼，真有其他意义吗？

顺便说一句，我很不好意思地屡屡在鱼和肉都还有剩的情况下猛吃土豆，因为葡萄牙的土豆就像葡萄牙的面包一样美味诱人。至于面包，坦白说，在来葡萄牙之前，在入住阿尔蒂斯大酒店之前，我完全不知道到了21世纪面包还可以如此花色繁多、制作用心、口感丰美，如此地，有嚼头。

红袖添乱

世界杯开赛以来，似乎是每晚一个传统强队出丑的节奏。葡萄牙队也不例外，一路磕磕绊绊，到底也没能小组出线。我不禁想起三个月前在葡萄牙旅游时遇到的那些和善热情的帅哥和大叔，他们想必都热切地追随国家队的赛程，收获的却只有郁闷。

尤其是阿法玛区那家"圣文森特翠藤"（Parreirinha de S.

葡萄牙美味五题

圣文森特翠藤餐厅外贴在青花砖墙上的手写菜单。(李华摄)

Vicente)[1]餐厅的老板,小组赛阶段,他的足球酒吧肯定聚满了来自街坊邻居的熟客,一起为C罗们着急和懊恼。不知比赛日是否也会有顽固食客如我们当初那样没眼色地闯进餐厅,闹得他无法安心看球?

今年三月,我和猫娘到葡萄牙旅游两星期,在里斯本的第二天傍晚,一边闲踱阿法玛区迷宫一样的幽巷,一边寻摸当晚大餐的落脚点。导游书上警告,在旅游区,一定要避免那种同时提供多种语言菜单的餐厅,因为这种餐厅专门招待游客,大抵华而不实。要寻找曲巷深处仅有葡语菜单的小菜馆,它们做当地社区居民的生意,物美价廉,饭菜地道。我

---

[1] Calçade de S. Vicente

俩牢记这条金科玉律，眼光四处扫啊扫，还真的看到了一家门面极小、装修朴素的餐厅，门旁的青花瓷砖墙壁上贴有一张大白纸，上面是手写的葡语当日菜单，列出的都是典型的葡国菜。这不就是传说中的本地小馆吗！

正好老板在开门，我们便上去要求入座吃饭。结果这位胖胖的中年男人笑眯眯地对我们只说葡语！不说一个英文单词！哎呀实在本土特色得太过了一点。虽然我行前紧急学了两个半月葡萄牙语，可此时降落里斯本还不到36小时哎！没办法硬着头皮蹦葡语和他交涉，情急之下居然说出了"那么什么时间开门呢"这么复杂的句子，自己都觉得是奇迹！双方费了半天唇舌，总算让我们明白再过二十分钟才正式开门迎客。有这磨嘴皮的工夫你让我们进去坐着等不就完了嘛！可老板笑盈盈的很有耐心，反复用葡语解释"没开门"，非常有原则，不到点就是不许进！

我俩只好在街头转了几圈，仲春的轻寒还真有股子杀气，两个人瑟瑟缩缩的，于是同行的猫娘说：反正餐厅隔壁就是一家酒吧，咱们干脆去酒吧里买杯啤酒歇歇好了。

一进酒吧，就发现翠藤餐厅的胖老板正在当垆卖酒！敢情这家酒吧与餐厅都由他经营，在隔墙当中开个圆拱门将二者串联在一起。酒吧的墙上斜架一台电视，正在播放足球节目，坐着三五位当地男子，一边盯着屏幕一边聊天。墙上挂着些球衣之类饰品，一看就是个足球酒吧。

我们渴望进入的那间餐厅就在老板身后，他一转身就能通过圆拱门穿到那里，他此刻也没歇着，在招呼酒吧客人，明明可以两边兼顾着照看，可是他竟然坚决不许我们到餐厅中落座，坚决不许，把我们打发到春寒的街上！

我们和他一对眼，双方都笑了。不知是感动于我们的执着，还是——猫娘的观点——嫌我们挡了他看球的视线，老板终于大发慈悲地一挥手，示意我们可以到隔壁餐厅去坐下。

熬到正式开始经营的七点，老板把餐单递过来，我又傻眼了，还真是只写有葡语！这意味着我基本成了文盲……仿佛老板已经习惯于我们这样不自量力的外国食客会三不五时地撞来，他家的葡语餐单倒也考虑周全，附有各种海鱼、牛、羊、鸡的示意图，且在禽畜上都标清部位，让我们可以指着图点菜。不过这个胖老板始终坚持本土立场，明明懂简单的英语，就是一个英文单词也不说，我即使说个"one"，他确认时也要跟个"uma"（葡语的"一"）。就这么混乱着交流，我居然顺利地点对了葡国经典菜式绿菜汤、烤鳕鱼，还有一道老板推荐的烤鸡。

也许因为不到葡萄牙人的晚餐时间，这里连个专职招待也没有，胖老板既是跑堂，又是大厨，厨房设在隔壁啤酒吧的后屋，于是他一个人在拱形门中来回穿梭，为我们摆桌、上菜，手脚麻利，熟练周到。从餐前小吃腌橄榄开始，这家餐厅的每一道菜都带有一种家常的朴实气质，把"好吃"当作唯一的追求，别无浮华虚饰。价格也实在讨喜，一道绿菜汤是1.75欧元，约合15元人民币，还是我俩分喝。一大条烤鳕鱼也仅9.8欧元即80元人民币，烤鸡还更便宜一些，且都是分量大到我们两个人根本吃不完。导游书上的忠告果然没有骗人！

不过，大致在我俩开始品尝绿菜汤时，隔壁啤酒吧里便传来电视直播足球比赛的声音。老板插空就留在隔壁看球，但听他和客人们时时发出又愉快又紧张的惊叹、议论、批评、欢呼。播音员不断蹦出"本菲卡"一词，我便即发了条微博："原来今晚有本菲卡的赛事呢！"结果恰巧被足坛新闻大腕克韩看到，留言告诉我们，此刻进行的是欧洲联盟杯的一场关键比赛，葡国最有人气的本菲卡队主场对阵英超的托特纳姆热刺队。

随着赛事越来越激烈，老板在为我们服务的时候尽管仍然很到位，但明显有点焦急，动作越来越快，程序越来越简洁。最后一道烤鸡上来的时候，显然也正是赛事最吃紧的关头，他干脆把盘子往桌上一放，扭身就跑。这时，我们才明白，何以当初硬闯餐厅的时候，胖老板的笑容中略带一点无奈。本来就不是葡萄牙人的晚餐时间，偏偏游客不合时宜地闯上门，自始至终，空荡荡的"翠藤"里只有我们唯一一桌食客。可就是这么两个连葡萄牙话都说不了两句的外国人，却害得他无法与朋友们一起安心看球，只能在烤鱼、烤鸡的间隙抓空在吧里停留。西餐又讲究,每上一道新菜之前还要换盘子、清理桌面、给客人添酒,也真够他烦的。好在当晚是本菲卡赢了!不过人家真算敬业,烤出的鱼和鸡没一点焦糊之类的瑕疵,又香又嫩,让我们饕餮到最终是直挺着身体走出"翠藤"。

好玩的是,我们在归途中经过处于里斯本繁华腹心的广场,正撞见从英国前来看球的托特纳姆热刺球迷聚集在广场旁的一家酒吧。不过他们只是每人点杯啤酒,安静地坐在露天座上,也许因为输了球的缘故,都很消停,完全没有传说中足球流氓的气息。我俩站在一边闲看一回,觉得似乎不会有任何戏剧性情节发生,只得很不满足地翩然离开。

这就是在异国旅游的魅力,永远无法预知接下来会遇到什么,但无意遇到的往往有趣,就此多增添一点对他人的了解。

利口樱桃酒

葡萄牙是与美酒相联系的国度,除了大名鼎鼎的波尔图红葡萄酒之外,还有其他多种琼浆佳酿,"总有一款适合你"。我与闺友猫娘去葡萄牙短游,就找到了最适合自己的一款甜酒——"樱桃酒"。

到里斯本第二天,我们转完该市地标性古迹圣豪尔赫城堡,沿着城堡外围迷宫似的窄巷闲逛,看到一家名为"蓝鸦"(Corvo Azul)[1]的雅洁小店，专卖葡萄牙特产高档食品，并且设有高脚桌椅供来客堂食，便进去小坐休息。温文和气的店主立刻向我们推荐樱桃酒——葡语称为Ginjinha。玻璃杯里，紫红酒液浓稠到近乎糖浆的质感，喝一口也是甜盈盈的，又涵漾着肉桂的辛香，配着同样是店主力荐的熏火腿片、橄榄油腌沙丁鱼，让人有直触灵魂的开心。最重要的是，一杯樱桃酒下肚，我俩居然都没有酒精过敏反应，尽管脸上有点发热，但依然能够起身出门，在阿法玛区起伏不定的坡路上轻快地转悠。

对于我和同行闺友猫娘来说，酒精过敏体质造成了在葡萄牙旅游的最大遗憾，各种美酒都只能浅尝辄止。说起来当地的酒价真心便宜，在波尔图市中心联盟者大道上的一家品酒餐厅"林荫大道餐厅"，侍者大哥热心推荐的一款优质红酒也仅仅为2欧元（约17元人民币）一杯，然而我俩却只能各饮半杯。还有神奇的绿酒，也是一小瓶都喝不完。唯独樱桃酒，啜下一小杯之后固然会脸红发热，但没有更多的难受反应，可以照样接着游玩。

樱桃酒的柔和效果让我误以为这种酒是以葡萄酒为原料，事后得知其实是采用烧酒，当真惊讶。它属于利口酒的范畴，大致的酿造方法是把当地特产的一种"酸樱桃"浸泡

---

[1] Rua de Santa Cruz de Castelo 66/68A, www.corvoazul.com

在烧酒内,再加入大量的糖以及适量肉桂,最终的成品色呈深紫,浓甜如糖浆。我和猫娘都嗜好甜食,喝这种酒又无须担心酒精过敏,于是便时不时地找机会"来上一盅"。

实际上,樱桃酒在葡萄牙十分普及,里斯本的街边往往会出现"樱桃酒吧",都是小小店面,柜台后面只有一位掌柜张罗,他身后的酒架上则酒瓶琳琅,展示着葡国出产的各色美酒,随时出售。客人叫一杯樱桃酒,掌柜便会在柜台上摆下一只小塑料杯,拿出泡有樱桃果的大酒瓶,将小杯倒满。酒吧虽然进深很浅,但会在两侧架出一带齐腰高的窄吧台,酒客就站在柜台前或吧台旁把一小盅酒喝掉。

我和猫娘就爱上了罗西奥广场角落里一家人气超旺的

卡尔莫樱桃酒吧的樱桃酒。
(李华摄)

"卡尔莫樱桃酒吧"(Ginginha do Carmo)[1]。掌柜的是个将近中年的里斯本西施,她的小女儿还时不时地跑来找妈妈,非常可爱。罗西奥广场位于市中心,周围四通八达,尤其是直连罗西奥火车站的后门,所以可算是我们在里斯本活动的原点。于是,我俩只要经过这个广场,就一定拐到樱桃酒西施那里,花1.35欧元(不到12元人民币)点一小盅酒,倚在吧台旁,像孔乙己一样站着把酒喝光,自觉很有股"女汉纸"的豪迈。

也是在这家酒吧,我们学会了喝樱桃酒的最经典方法:多花一欧元买一个用纯巧克力制作的小酒盅,让掌柜注酒其内。这样,喝干酒之后,还可以把带着酒液香气的巧克力盅咔吧咔吧吃掉!

另外,在随处可见的酒类专营店或特产食品店内,也都会摆上泡着樱桃果的大酒瓶,提供小杯零售。所以我俩从里斯本一路喝到波尔图,以波尔图价格最便宜,在圣卡特琳娜大街的葡萄牙名牌食品特卖店"坎提纽美食店"(Cantinho Gourmet)[2],一个欧元(不到9元人民币)一杯!到了古城吉马良斯的一家旅游商品店"佳游"(Quality Tours)[3],我们品尝当地特色的"女修道院秘传甜点",老板还免费附赠樱桃

---

[1] Calçada do Carmo 37A
[2] Rua de St. Catarina 191
[3] Largo Martins Sarmento 89, www.qualitytours.pt

酒，浓甜配浓甜，葡萄牙人民真是口味重呀，不过我喜欢。

其实葡萄牙在樱桃酒之外尚有多种果酒，每一种看着都很诱人，坎提纽美食店的女店员便热心推荐树莓酒，还特意开了一瓶，让我们免费品尝。必须承认这个太平国度是馋猫的乐土，"好吃好喝"是它能给旅游者提供的一大快乐。

葡式蒜肠的来历

偶然翻看到网络上的旧消息，2011年，葡萄牙近90万人通过网上投票的形式选出葡国七大美食。我很惊喜地发现，今年三月与一位闺友到葡萄牙玩了两星期，居然吃到了七大美食中的五种！

有幸品尝到的五样葡萄牙人最爱美食当中，里斯本贝伦甜品店的蛋挞名声极响，导游书上郑重推荐，我和猫娘难以免俗，遂将其列为参观贝伦区时的必选项。诚然这家名店的蛋挞确实比别人家胜出一筹，其他甜咸糕点也都很有境界，不过，以我们一路上的体验，葡萄牙的糕点简直好吃到无法笔墨形容，品种之丰富多样也臻于变化莫测，相比之下，蛋挞其实远非最精彩的一款，我俩真的疑惑何以这一款点心会独受青睐？

此外，绿菜汤和海鲜杂烩汤饭属于经典大众饭菜，在各个档次的餐馆里都有提供，我们吃了不止一回。烤乳猪则在葡国中北部很容易碰到，我们在科英布拉有幸品尝了一家烤乳猪名店，虽然不是七大美食中规定的"拜拉达烤乳猪"，但其美味已足以让人喜笑颜开。

唯有排名头位的"米兰德拉蒜肠"，我和猫娘在极偶然的情况下无意品尝到一次，当时真没想到刀叉下就是葡萄牙人民的最爱。那是在波尔图的第三天中午，因为不是很饿，我俩决定简单吃点东西，便在联盟者大道的一条侧街里，挑选了一家看着明快洁净、以文雅年轻顾客为主、名叫"匝匝"(ZÁZÁ)的快餐厅。这家餐厅明显属于当地人吃便饭的地方，没想到却卧虎藏龙着惊人的美味。

侍者大哥递过来的餐单上，有一款用英文标示为"葡萄牙特色香肠"的主菜，并且注明成分有鱼肉。鱼肉做的香肠？当然要尝一尝。结果这份"葡萄牙特色香肠"一端来，我俩就笑了。只见盘上的东西是灰白色的粗大一条，绕成环形，质地与我们常见的香肠完全不同，看去松松软软，实在真的很像——大便！我当即用手机拍照传到微博上，与国内的朋友们实时同乐。朋友留言一致说"像那啥"，并且是"健康生活、素食状态下的那啥"。

这东西看着虽然有点别扭，吃起来却很不错。原来它是把煮熟的鲜鱼肉打成肉泥，此外还有某种熏肉（可惜我们当时没有问清），连同其他几款配材，一一皆打成软泥，然后一起搅拌均匀，再由厨师直接用手捏成肠状。所以成品并没有肠衣，整条都是鱼肉泥与熏肉泥、配材泥的混合物，入口很鲜，又有熏肉的油润，避免了白煮鱼肉的寡淡，口感有点接近鱼肉松，不仅美味，而且让人惊叹葡国人民异乎寻常的想象力与创造才能。

这款鱼肉肠的独特外貌与滋味予人印象很深，所以我事后按照餐厅菜单上标示的葡萄牙文"Alheira de Caça de Mirandera"上网查了一下，才明白其葡语原称的意思是"米兰德拉野味蒜肠"。这种"蒜肠"有两大特色：第一，一定加有大蒜；第二，可能用任何肉类，但就是不会有猪肉。

居然会出现一定不能含有猪肉的香肠，据说是与葡萄牙历史上宗教裁判所制度的黑暗残酷相关联。在宗教裁判所控制社会的时期，葡萄牙采取不宽容政策，犹太人被强迫改信基督教，但很多人阳奉阴违，暗地里仍然坚持信仰祖先传下的犹太教。由于犹太教徒和穆斯林一样不吃猪肉，所以，一个犹太人家的灶火间里是否会挂有猪肉制的香肠，就成了宗教裁判所辨识这家人是否已经放弃祖传信念的简易方法。不得已之下，犹太人想到了一个巧妙的方法，用各种肉类代替猪肉制成香肠，用这个办法来欺骗当局，躲过宗教迫害。因为鱼肉、鸡肉等做肠时缺少猪肉的脂肪，不容易成形，所以会加入碎面包起黏合作用，并且还以大蒜来制造香辛味，结果反而成就了独特的葡萄牙特产"蒜肠"，口感、味道都与猪肉香肠迥异。于是这种蒜肠逐渐也得到基督徒的追捧，最

在里斯本第一顿饭就是卡塔坡拉纳铜锅焖海鲜,店家很仔细地在锅下托盘内放了海盐作为装饰。(李华摄)

终变成了葡萄牙的一种日常食品。

宗教裁判所想必在葡萄牙的历史中留下了强烈的阴影。该国最为普及的特色烹调方法之一,是采用一种特制的"焖锅"焖熟海鲜。这种叫作"卡塔坡拉纳"的焖锅据说是从阿拉伯文化传入,由上下两个铜钵组成,铜钵在一侧以合页连接在一起,可以轻松开合,像个大贝壳。钵沿的相对两侧还装有铜夹,一旦上下两钵扣合之后,利用铜夹将合缝加紧,钵内的密封性就很高,堪称是一种原始高压锅。

葡萄牙人将这种铜锅架在火上焖煮海鲜,食材易熟,成品软烂可口,还特别入味。内容的具体搭配则灵活变通,往往掺有贝类,也可以放入猪肉。据传说,锅焖海鲜添加贝类、猪肉的做法也是出现于宗教裁判所猖狂的时期,就是为了试验改宗的穆斯林和犹太人是否真的放弃了旧信仰，因为二者按规矩都禁食猪肉与贝类。导游书上力荐这一种美食，所以我们下飞机后第一餐就吃了个卡塔坡拉纳锅焖海鲜，猪肉块正是这一锅炖菜中的主角之一，不得不说，与海鲜同炖的猪肉格外香润，是非常好的混搭。然而，如此精彩的食材搭配却被连接到不堪回首的暗黑往事上，这段往事可是在该国的集体记忆中留下了多么深重的刻痕。

说回到葡式蒜肠，这种"假猪肉肠"随着各地风土不同也有着多种做法，米兰德拉蒜肠即是其中的一个闪亮子项，以该国的一座城市"米兰德拉"命名。在葡国人心目中，米兰德拉蒜肠在本国七大美食中排位第一，竟拥有大众认可的头牌地位。匝匝餐厅恰恰提供的是米兰德拉蒜肠，我们这一趟旅行当中的人品真是不错。该餐厅菜单上特意标明自家提供的乃是"米兰德拉野味蒜肠"，大概，除鱼肉之外，还有鸡肉或兔肉之类做的熏腊制品添加其中吧，真后悔当时没向侍者大哥询问清楚，同样后悔的是没有记下匝匝的具体地址。

导游书上总是强调葡萄牙盛产海鲜，推荐鳕鱼、沙丁鱼等做成的各种海鲜名菜。但是，葡国人自己认可的最佳食品里却没有鳕鱼之类的高档海鲜，相反，都是物美价廉的日常美味。实际上，在葡萄牙生活中，葡式蒜肠算是一种便宜食品，也因此我们才会在快餐厅里吃到。

看起来，旅途中不能只根据导游书按图索骥地品尝高档料理。该尽可能地接触当地人喜爱的食品，才会更好地了解别人的生活，了解陌生土地的风俗与历史。无意间用舌尖细细体验到葡萄牙人自己公认的"本国第一美味"，真是再美好不过的旅行记忆。也说明，人在旅途时一定要勇于尝试，因为永远可能有别人的异想天开的花样在等着你。

波尔图球迷的独家美食

世界杯开赛以来，身为伪球迷，我的关注点情不自禁地跑偏，总是在好奇一件事：世界各地球迷都是用些什么吃食来帮助消化观赛的激情？

之所以对这个问题感兴趣，是因为我和闺友去葡萄牙短游时恰好无心品尝了波尔图球迷在看球日必吃的一道美食。那天我们去波尔图附近的古城布拉加游玩，在城内的"大教堂"附近找餐厅吃午饭，发现各家餐厅的招贴上都力荐一种浇汁食品，叫作"Francesinha"——音译为弗兰赛西娜，原文的意思是"法国小女孩"。招贴上的图片看着挺诱人，惹得我们满心好奇地叫了一客分食，发现其主体是两层方片面包当中一层层铺着火腿、鸡蛋、烤肉等多种馅料，外面覆盖着半融化的奶酪，再浇上带有番茄酱的浓汁。不仅量大馅足，而且浇汁的浓淡程度非常合适，焗烘的温度也是恰好到位，一点不烫嘴，于是吃起来特舒服，嘴里的滋味又丰厚又润和，胃里暖烘烘的，好像整个身体都获得了热量。我一边吃一边的想法就是："如果来这么一份当早餐，可以工作大半天都不饿！"

事后发现，弗兰赛西娜并不局限于布拉加，它是属于整个波尔图地区的特色食品，在波尔图市内的餐厅也多有供应。好奇之下上维基百科查信息，原来，这种食品是上世纪60年代葡萄牙人对于法国的一种快餐三明治"先生小嚼"（Croque-Monsieur）升级改造的结果。真想不到，到了葡萄牙人这里，三明治竟能被升华成如此温暖可意。

最近网络上流行中国的年轻人拿其他国家的饮食开玩笑，主题大抵就是这个国家或者那个国家的饭菜是多么简单。给我印象深刻的一个帖子说，北欧某富裕国家的人们的午饭一律是三明治，然后晚餐也差不多。贴子里宣称，在这个国家，三明治就是把切片面包抹上黄油，然后看个人喜好，选择夹奶酪、夹火腿、夹西红柿或者夹其他。

坦白说一个中国人真的很难想象天天中午吃三明治，还是不加热的三明治。所以我看了帖子不大相信，直到无意间看到一篇"洋妹子"写的"麦雷文"。"麦雷文"其实很大程度上是"总裁文"的变体，预设之一总是"麦哥"如何权倾天下，富可敌国，所以一旦与他攀上交情便立刻会享受到奢侈优雅的上等人的生活。在我读到的这篇网文里，"探长"英勇负伤，应邀到"麦哥"的豪宅中疗养，于是有缘体会了一把金钱打造的精致舒适，其中包括，包括，中午的时候，擅长美食的管家给他送来一块考究的三明治，嗯，三明治，作为午餐！这下我才明白，至少在这位作者妹子的世界里，两片冷面包夹些冷奶酪冷肉冷蔬菜的三明治确实是午餐的一个常规选择。

不过，在欧亚大陆上，任何一种食品只要越往南方走就会变得越美味，这一规则看来同样适用于三明治。"火腿奶酪三明治"一到法国，就被升级为先生小嚼。我们今天在西餐厅、咖啡馆、面包店常见的火腿奶酪三明治，是两片方片面包之间夹上火腿、奶酪以及各种蔬菜，然后在烤箱里加热一下。先生小嚼则多了一道精致环节，用鸡蛋、牛奶、胡椒粉和盐混打成蛋液，让两片面包的外侧都蘸上这种蛋液，中间夹了馅料，在放有黄油的平底锅内煎烤，使得夹在面包当中的奶酪融化。早在1910年代，巴黎一家咖啡馆的菜单上就列有先生小嚼，可见这种法式三明治已有百年身世。更精彩的是，普鲁斯特《追忆逝水年华》第二卷中也曾提到这种三明治，世人热衷于议论小说卷首出现的小甜点"玛德莱娜"，却很少探究先生小嚼，是不是说明很多读者其实只看了一个开头呢。

据说，一位名叫达尼埃尔·达·席尔瓦（Daniel da Silva）的葡萄牙人曾经移居法国与比利时，1960年代重新回到祖国之后，决意将先生小嚼改造得适合本国人口味。与我们中国人类似，葡国人民一遇到美食就特别有激情和灵感，纷纷

布拉加餐厅里的弗兰赛西娜。(李华摄)

地自发参与这一款引进快餐的优化,最终创出了一款全新风貌的葡式美食弗兰赛西娜。

相对于先生小嚼,弗兰赛西娜的变身相当彻底,不仅作为夹心的食材得到充满想象力的扩充,而且从形式到制作程序都复杂了许多。

最主要的提升之一是,奶酪不再作为夹馅,而是铺在面包片的顶面,并且要放入烤箱焗烤。这样,焗过的三明治便被一层融化的奶酪裹覆,口感软糯。

重要提升之二为,焗好的三明治放在大盘内,然后浇上大量的调味汁。调味汁最出人意料的一点是兑有啤酒,一般也都带有番茄酱,至于其他成分,则是各家有各家的高招,密不外传。

据说,波尔图的餐厅只要供应弗兰赛西娜,那么夹馅一定会自成特色,并且掌握着独家的浇汁配方,绝不与别人重样。

一盘弗兰赛西娜之水平高低,就看其馅料是否精彩、调味汁是否美妙。回想起来,我们吃的那一款名为"大教堂式弗兰赛西娜",也是采用了餐厅自成特色的配方吧。在坚守"食不厌精"这一条原则上,葡萄牙人和咱中国人倒是挺投脾气。

维基解密上的介绍还说道,这一道波尔图地区特色美食也是当地球迷在看球日必吃的食品,要么在赛前吃,要么在赛后吃。因此,对于这个地方的球迷来说,弗兰赛西娜基本上是每周至少吃一次,遇上本国联赛与欧洲联赛同时进行的时节,那么还不止一次。所以,我和女友到了布拉加这个葡萄牙的宗教之都,对于信仰的了解并没有多少增进,却品尝一顿波尔图球迷的看球日标准美食,实属旅游中的多项意外收获之一。

中国球迷的习惯是一边看比赛一边吃零嘴,在北京,烤串,鸭头、鸭脖和鸡爪,煮毛豆,煮花生,在球赛期间的消耗量惊人,这大概是波尔图球迷难以理解的偏好。同样,咱这里听说过弗兰赛西娜的也不多。因此,如果以世界各国球迷在享受比赛那一天约定俗成的吃食做个专题,一定有趣。若是举办万国球迷美食节,让中国球迷也品尝一下异国球迷钟意的看球小吃,大概球迷、伪球迷与非球迷都会闻风呼啸而至。

志莲净苑的冲淡午后

约闺友春娘子一起去香港转转,她立刻道:"据说有一处'志莲净苑'值得一游!"大约是因为我对宗教没有特别的兴趣,以前几次到香港,从来不曾留意这样一处所在。此次得与春娘子一起在这所闹市当中的净苑盘桓半日,也算窥见了"香港的另一面"。

乘地铁到钻石山站下车,出站后穿过一条街,就能到达"南莲园池"的入口。南莲园池是一组设计周密、亭榭池瀑巧布的人工园林,它其实要算作志莲净苑的前引部分。志莲净苑作为一所尼寺,背倚山麓,位于地势略高处,与位置相对低一些的南莲园池隔着一条汽车如流的现代化公路。精彩的是,设计者在公路上方架起一座高大的跨桥,将南莲园池与寺院部分连接成一体,来客只有从园林一侧登上一组高台阶,步上跨桥,才能前往小巧而庄重的寺院山门。

跨桥的平阔桥面着意做成寺前长道的样式,仿佛大幕拉开之前的序曲,增加了寺院的进深度,让来客可以在一片开阔视野中清楚观察对面佛寺建筑的整体形象，并且在步进当中产生"我在接近它"的归依感。香港以地少人多闻名，寺院与其园林之间竟然相隔一条喧闹繁忙的城市公路，本来堪称笑谈，但设计师却利用连接两部分的高桥让整座佛寺的形势变得舒朗气魄，丝毫不显局促，确属妙手。

志莲净苑之内予人的感觉非常好，虽然有香客但并不喧闹，礼品店内还有女义工们在出售"十五年陈皮红豆沙"等精制手工月饼，赢利全部用于慈善。不过我和春娘子更感兴趣的到底是其园林，所以在南莲园池内又是买小花瓶，又是吃素斋，又是喝茶，消磨了半日。

南莲园池与志莲净苑都号称再现"唐风"，但在我俩看来不过是采用了日式"和风"而已，和唐代气象没太多关系。不管怎样，这里作为一处传统园林确实非常成功，有限的空间内曲径回环，移步换景，让游客的视觉体验始终新鲜。有趣的是，通体金色的圆满阁周围、松荼榭的外围都安装了多个水雾喷头，定点向半空中喷放水雾，也算是现代化手段为传统景致营造诗意氛围的一种尝试。

转到园林深处，忽然见到一壁流瀑从峻立山石畔哗哗泄落，水势迅猛，气势逼人。再一细看，垂瀑的后边竟隐约现出落地大玻璃窗，原来这座假山瀑布的内部就藏着园中特设的素斋餐厅"志莲素斋"！我俩兴致勃勃地寻小路到达餐厅内部，发现竟是爆满状态，不仅本地人喜欢举家扶老携幼而

志莲素斋餐厅的外观。

至,洋人食客也不少。在餐厅内坐下,但见一扇扇大玻璃窗外瀑垂如银,水帘急泄,令人心旷神怡。

让我俩一再感慨的是,这里的素斋价格并不贵,一份"五福临门"套餐130元港币,再加一份松露忌廉烩手擀面98元港币,吃得两人好饱。关键是这些素菜极其可口,尤其松露忌廉烩手擀面是将中式面条与意面做法相结合,用碎松露与奶油拌手擀宽面条,难怪一桌桌老外也宾至如归的样子。

饭后下起了细雨,于是我俩索性扶着撑圆的肚子到松茶榭去喝茶,没想到这才迎来在志莲净苑的最高潮体验。松茶榭只许茶客入内,所以格外安静。全部采用木结构的茶室高大宏阔，根本就是一座宫殿的规格，其气派让我非常吃惊。进茶室时须换拖鞋，并且规定不许用手机，也不许拍照。与志莲素斋的火爆不同，来这里品茶的人很少，所以偌大一座弥漫着原木香气的殿堂，连同殿前的池光廊影，整个下午居然只为包括我俩在内的两三桌茶客独享。这里的平易价格令我们再次啧啧叹赏，规定是每人最低消费100元港币，我俩要了6克号称"百年老树"的水仙王、6克肉桂王，各为138元港币，此外口感上乘的小茶点一份10元港币，近乎白送。由春娘子亲自操刀点茶，两人望着棂窗外细雨潇潇，庭木润绿，一直混——哦，是消磨到黄昏。其间一再感慨："这哪里像是在香港啊！"

一般印象中，香港是个物欲横流的地方，喧嚣，拥挤，紧张。但是志莲净苑及其南莲园池却完全是另一种气场，虔诚得平和，雅致得冲淡，即使像我这种没信仰的人也能在其中感受到片刻的安逸，感觉灵魂似乎经过了涤净。凡去香港而尚未知此妙处的朋友，不妨也前去体会一下。

懒人的旅游方式

最近，一位旅游杂志编辑询问我是否熟悉葡萄牙宗教之都布拉加，因为朋友告诉她，我这个人对葡萄牙比较了解。我抱歉地回答这肯定是由博客制造的误会。

为了不至于彻底荒疏外语，所以爱在外文网页上逛，顺便在微博上发点译过来的八卦消息，结果居然持续地制造出"人在旅途"的错误印象，真让我始料不及。一次去某个新书发布会凑热闹，有个平常不很熟的朋友见到我先是微露惊诧，随即会意地说："对，也该时不时地回国看看，是吧！"我差点笑出来："我这一向也没在国外呀！""那你能在哪儿呢？""在我家，京郊歇甲村！"后一句玩笑式的回答不会让她就此又认为我隐居郊野开辟有机农场吧！

浪迹四海，有机农庄，这些吃苦卖力的返祖活动怎么会与咱们这些显示着人类最新进化程度的"懒宅"扯上关系。我所能想到的最浪漫的事，就是一杯咖啡在手，后背上晒着自家阳台的阳光，在各种网页之间切换。

不过，比尔·布莱森（Bill Bryson）的《东西莫辨逛欧洲》[1]（*Neither Here nor There: Travels in Europe*）一书却昭告天下所有小资懒蛋：可以换个背景喝咖啡上网嘛，哪里的阳光不是一样的煦暖。买这本书本来是因为被其中的"欧洲"主题吸引，读后却让我产生了立刻拽上拉杆箱出门的冲动。作者算是给懒人发明了一种适合的旅游方式：搭飞机或者火车到达某地，找个小旅馆把行李一扔，然后上街喝咖啡，逛大教堂与博物馆，在古老街道上无目地乱走，累了就吃饭，饭后找个咖啡座一边喝咖啡或啤酒一边看书——这本游记写于二十年前，彼时互联网尚处萌芽状态，所以旅游时还需背上实体书几本。除了订机票车票与订旅馆，其他都是我的长项耶！我简直怀疑，这本书当年之所以受欢迎，就是因为给普天下如我者指出了一条明路。

其实旅行的首要条件之一是千万不要有个与比尔·布莱森一样的"美国胃"，他非觉得血肠、腰子等等恶心，甚至声称伊斯坦布尔的美食是"诡异的糊状物"，是"悲剧"！这只证明，一个美国人若是除了出生地之外只有长期的英国生活经验，他那口腔的履历才是真正的悲剧。

不过这位著名通俗作家在欧游读物的挑选上倒颇有可借鉴之处：一本《二战史》，一本菲利普·齐格的《黑死病》。

---

[1]《东西莫辨逛欧洲》，上海译文出版社2011年版。

于是，尽管我颇嫌书中文风粗俗，但终究被如此一幕打动：不懂任何外语的布莱森磕磕绊绊独自摸索到比利时的德柏小镇，坐在河畔的长椅上，花了几个小时，静心阅读《二战史》关于当年就发生在这一带的大规模激战的章节。"这样恐怖野蛮的事竟然在这片土地上发生过，在这脉脉青山中，在这层层绿林里……而如今仿佛啥事都没发生过一样。"携上一卷史书，到那些往昔的古战场或繁华胜迹的遗址，于清风拂荫、鸟语虫鸣中展阅春秋，听来真是值得的尝试。

以过于直白的喜恶，布莱森记录了一路欧洲给予他的感受，颇让我不解的是法国人何以给他那么恶劣的印象。莫非，法国人痛恨英语的传说毕竟不是传说，作为事实应验在他身上？直到最近还有初次赴欧旅游的朋友向我询问到法国之后的注意事项，我只好假装正经地讲述当年在巴黎听到的笑话："万一掉进河里，呼救时千万别喊'help'。一听你说英语，就没人肯来救了。"

"那我喊什么？"朋友往往不知是开玩笑还是认真地追问。

"喊：'噢瑟故喝[1]！'"

（写作此文时，作者尚没有到布拉加旅游的经历。）

---

[1] Au secours，法语"救命呀"。

赶早不如赶巧

最近有出版业的朋友向我打听当初《西洋古董鉴赏》[1]（*A Closer Look at Antiques*）一书引进的情况，可惜，作为译者之一，我对于此书内容以外的信息全不了解，因此没法提供有效的答案。据这位朋友看来，在当今之际的心理氛围与社会条件之下，此书倒是不乏重版的价值。

十余年前，好友刘辉首度把这本洋文物鉴藏入门读物的原版样书展示给我时，我曾对其价值与前景大表狐疑，暴露出本人实在缺乏图书策划方面的灵感与前瞻眼光。之所以承担翻译，皆因有意借机熟悉一下专业词汇而已。也多亏这次机会培养起的兴趣，去年春天，德国纳高拍卖公司首度尝试向中国收藏家推介欧洲古董银器，我怪好奇地跑去看了预展。那天的感想之一便是：形势至此，对于介绍各类西方文物的专题书籍应该形成所谓"社会需求"了吧，为什么并不

---

[1]《西洋古董鉴赏》，河北教育出版社 2002 年版。

见更多的相关译著出版?

印象中,《西洋古董鉴赏》面市之后反响不坏,但一度属于"小众读物",销售速度那是相当地从容不迫,使我常能在书店里与自己的译作碰头碰面。然而,近三四年来,中国人购买奢侈品的能力、高价收购艺术品与文物藏品的能力俨然成为引发国际热议的话题,《西洋古董鉴赏》的销售速度也明显加快,最终从图文书架上彻底消失了踪迹。

说来有趣,《维纳斯的明镜》——我以卢浮宫为题的一本小书——有着大致相似的经历。也是在上世纪末,西苑出版社的王益先生联合冯骥才先生策划了一个写作计划,由作家们分别介绍国际著名博物馆,我得以凑热闹对卢浮宫的藏品小规模指手画脚一番。最初几年,也是屡屡在书店——甚

《西洋古董鉴赏》中的一页——"维多利亚风格"。

至打折书店——撞见自己的这本小书，说明感兴趣的读者有限。不过，近两三年来，此书转而变得踪影难觅，由不得我暗忖，这应该与方兴未艾的欧洲旅游热有关。如此忖度，也是基于亲身经验：去西班牙旅游时随手带了一本张承志先生的《鲜花的废墟》，结果一路上成了团友们抢看的热门读物，一个个还兴致勃勃地在旅馆早餐桌上讨论书中所介绍的伊比利亚风云史事。

人大多会有好奇心，单凭这一个简单的原因，国人的收藏热、奢侈品消费热、旅游热便足以催生对于相关文化读物的需求。我曾玩笑地对朋友说，《西洋古董鉴赏》、《维纳斯的明镜》之类都赶早了一步，如果晚一点筹划，放在最近二三年出版，才正与社会变化的脚步合拍。然而，就我的见闻所及，似乎竟没有哪位朋友在忙碌类似的工作。

看来，中国的出版人绝对不缺才华、灵感与眼光，但是似乎总带点文人的清气，似乎更喜欢走在社会的前面，而不屑与社会同步。于是，能在十年前就预见到将会涌现的阅读需求，然而当这一需求真正成熟、形成市场之时，出版人的兴趣并不为之停留，却宁愿转移到新的前景上去，追逐超前的快感。

可是，满足读者并不庸俗的阅读需要，正是出版业的职责所在吧。

海报里的美好年代

我被直接震到地上！《光影巴黎》[1]中的《香水神话》一篇居然说，直到那个最终上断头台的玛丽·安东瓦内特提倡，法国贵族才爱上花香味的香水！此时已是18世纪末啦。

然而，然而，在乾隆时期，花露——鲜花蒸馏的香水——就已全面进入中医的养生体系，既兴私家蒸制，也有商业产品出售，而契机，恰恰因为传教士在明代把欧洲蒸馏鲜花香水的技术与观念介绍到中国。这一切怎么像是发生了穿越混乱呀！看起来，阅读定须从《光影巴黎》继续延伸，延伸到李政亮所引介的"法国历史学家阿兰·柯本的《味道：嗅觉与社会学的想象力》一书"，趁机了解一下法国贵族的体香的历史……

只要看一看国内媒体上的旅游广告，就不难感受到，今日的中国人正在打造一个新的、适合自己心意的巴黎形象，

---

[1]《光影巴黎》，南京大学出版社2011年版。

巴黎香水品牌"薇薇乐"(Viville)的海报,以"法国女性的香水"自我标榜。

那是浪漫、奢华的销金窟，软媚温柔，含笑迎人。在目前这一刻的时空中，法兰西似乎也确实有些运势不济，该国的专家学者们甚至在电视节目中直接承认，法国如今在世界上仅仅属于"中等国力"。于此之际，李政亮的《光影巴黎》一书温习1890年代至"一战"前特属法兰西的"美好年代"，剖析这个年代所意味的第二次工业革命对于所谓现代社会的形塑，正是履行了一个知识分子基本的职责。

"美好年代"，说来伤感，也是绘画的最后的辉煌时刻，因为当时摄影与电影还都在起步阶段。在这个时期，印刷术进步、大众消费带动广告业兴起等因素引发了海报的蓬勃，但照相摄影还没有正式上阵，于是，海报依靠画家们的手绘，大多数作品面目庸俗，但却也绝对不乏上升到艺术精品水平的名家佳作。机械复制的能力让这些海报子子孙孙无穷尽，至今在塞纳河畔招徕游客，抗拒着雨打风吹对于人的记忆的侵蚀。《光影巴黎》副题为"广告海报中的城市故事"，正是敏感地抓住"海报"这一个现代大众消费文化的典型现象，通过一帧帧美好时代的巴黎海报，深入到现代都会的成形过程之中。

一如书中所强调，在巴黎、伦敦等现代都会中出现的文化现象，总是会向世界各地包括亚洲直接或迂回地扩散，近年引起人们兴趣的老上海月份牌显然亦是欧洲海报的一种变体。不过，此书的意图并不止于提供一个欣赏异国旧海报的机会，而是饶有兴味地观察海报上所推销的商品，剖析灌注在商品中的理念，并且梳理这些理念的历史脉络。香水所折射的"法国社会对味道观念的转变"，便是极为有趣的一例。

百货公司的灵感来自万国博览会的空间布局；依靠百货公司，成衣业才得以在与量身定做业的竞争中胜出；缝纫机的发明则是成衣业能够满足百货公司大批进货需要的关键要素——《光影巴黎》中涉及的社会现象均是这样切近我们的亲身经验，一书在手，再环顾自己周围的环境，便不难明白，美好时代所发生的一切如何决定了我们今天的生活状态。坦白说，此书给我的印象是，对于每个自命的现代人来说，人生的起源与其说是在山顶洞，倒不如说是在巴黎这个"十九世纪的首都"。

实际上，我们今天最大的问题正在于盲目接受现状，好像如此做就是"应天承运"，好像第二次工业革命时期成形的观念竟是"天理"。当代中国城市的打造完全沿袭了奥斯曼的路子，但是，奥斯曼对于巴黎的改造一直惹人争议，时间也许会证明他的成绩其实是个错误。

《光影巴黎》恰恰如棒喝当头。此书绝非现代文明的赞歌，恰恰相反，作者与其书中援引的诸家当代学者一样，以冷静的态度指出，被神化的东西往往不过是多种因素综合作用的结果，因此只是世俗之物，是可以被矫正与放弃的选项，不具神性的内涵。

巴黎女人不会老

如果真的遵循《巴黎女人的时尚经》[1]（*La Parisienne*）的建议，已然风行若干年的大披肩到目前可是显得"太老套"，得赶紧叠叠齐整收到衣橱深处去了。开襟小外套也不行。能穿的是西装外套、羊毛短外套或开司米毛衣。那么披肩之类怎么处置？耐心足够的话，可以静等它们的下一轮回潮。时尚弄人，此话不虚也。

那天偶然把电视转到"法兰西24"国际新闻台，正赶上伊娜·德拉弗雷桑热（Ines de la Fressange）为其所著《巴黎女人的时尚经》一书接受专访。但见她形象清秀、装扮潇洒，自信而自在，与电视主持轻快讨论着"巴黎女人"的种种特质。说到"巴黎女人绝不会戴太多首饰，不会把项链、耳环、戒指、手镯全套戴上"，这位伊娜忽然停住，随即用手捂住嘴，不好意思地笑着倒向一边，小声道："我此刻的

---

[1]《巴黎女人的时尚经》，中信出版社2011年版。

首饰就戴得过多了……"这一瞬我忽然想起了她当年作为顶级名模时的模样。

虽然从来不关心时尚,但是20年前却时时会在法语杂志上看到这位名模的靓丽姿影,还读过一篇关于她的专访呢。在上个世纪80年代,青春年华的伊娜之影响力远在当红影视女星之上,那时的巴黎时尚界甚至声称,她们这一批模特已经取代了影视、歌星的偶像地位。颇能证明这种说法的是,伊娜一度成为"玛丽安"雕像的原型。众所周知,法兰西人虚构了一个称为"玛丽安"的女性形象作为共和国的象征,颇能体现这个民族浪漫性格的是,"玛丽安"的容颜并不固定,而是几年一变!于是,便定期以全体市长投票的形式,在当代的知性美女中公选出一位,然后以这位真人的样貌为原型制作出"玛丽安"胸像,安放在每个城市的市政厅中。能够入选者均为如德诺芙这样的顶尖明星,说来阿佳妮曾在与德诺芙"谁更适合成为玛丽安原型"的竞争中落败,这件事当时在媒体上也构成了一个值得议论几句的话题。伊娜能侧身于"玛丽安"化身的耀眼行列,可见她年轻时的气场何等强大。

记忆与眼前的影像相叠,验证也有"红颜"不会被岁月摧毁,固然随着年华失去青春的娇嫩,但却沉淀出美酒般的醇熟韵味,这竟让我感到莫名的愉快。也于是对《巴黎女人的时尚经》一书生了兴趣,没想到不久便拿到此书的中文版，看来国内出版业在快速地趋向于与国际同步。

该书的法文原名为"巴黎女人"，电视访谈中，身为主要作者的伊娜特别解释道，不一定住在巴黎才能算作"巴黎女人"，她实际上也许生活在纽约、上海、马德里……任何人只要能够活出"巴黎女人"的风格，就都可以归属在这个珍宝般的美丽部落，正如书中所说："所谓的巴黎时尚是一种态度，一种心境。""巴黎女人……吸取流行精华，再用自己的方式展现，最高指导原则为：流行是一件有趣的事。"

伊娜并且就"穿出巴黎味儿"归纳出六大重点。拜读这六大法则之后，我承认很受启发，却也深知绝不可能就此摇身成"巴黎女人"。这些年来，闺友们提起在花都街头看到的缤纷秀影，每每摇头晃脑、心服口服地赞叹。自小浸淫在经过几个世纪营筑的特殊氛围中，巴黎的女子们之于时尚别有一种微妙与敏锐的领悟能力，其中的奥秘很难为外人参透。如书中所强调的"就像是你的第二层皮肤"的风衣，到了巴黎女性身上，确实能呈现种种的惊艳！即使把袖口翻卷、让领子竖起这样的小细节，一经巴黎女性的手，效果也意外的出彩。

另外，书中介绍的服饰搭配，是以高瘦纤长的白人女性的体形为预设，未必适合亚洲人。比如伊娜一再强调的妙招——把西式男子礼服当作适用多种场合的外衣，矮小身材就断乎不可照搬呀。因此，就算真想整"巴黎范儿"，也不是弄件男西服外套代替披肩那么简单的模仿就能做到。

因此,这本书的真正启发人之处,在于伊娜朝气蓬勃又沉稳自信地把匡威鞋和 Ipad 推荐给她自己,也推荐给一切 50 岁上下的女人。实际上,书是她写给同龄人的时尚指南,也就是说,是写给 40 岁以上、事业有成、能够掌控生活的城市女性,指导她们如何绽放成熟。"巴黎女人不会老,岁月使她美丽。"伊娜自己的人生就是此话最佳的证明。她不仅由当初的顶级"麻豆"转型成为时尚设计师,同时还是自豪的母亲——在《巴黎女人的时尚经》一书的插图中神采飞扬的女郎正是伊娜已经成人、同样做了模特的女儿。

于是,黑色小洋装、深蓝色开司米毛衣、钻石项链配 T 恤衫……伊娜的"时尚经"追求的并非明媚绚烂,而是清雅却不老气。除了这些具体的装扮建议之外,同样值得玩味的是盈溢于字里行间的自在心态。比如,"下得厨房"这一衡量女性的传统标准,在《完美晚宴倒计时》一节被作者以一句"这完全不是我会做的事"轻松摒弃了。因为她是一位职业女性,"结束一天的工作,匆忙赶回家中",不可能如家庭主妇那样打理一顿盛宴。伊娜的对策是"将鸡和厨房中能找到的任何东西"一起放进万能锅里,炖成一道主菜,据她认为:"当我在家设宴时,目的是跟朋友聚聚,而不是整晚在厨房里度过。"

我们这里的职业女性往往因为不能很好地扮演贤妻良母

角色而内心愧疚,但伊娜似乎没有这层心理负担。实际上,这本书赋予成熟女性的特质当中,干脆不见"贤惠"的概念。伊娜并不是说女性不该做好的爱人、好的母亲,只是认为现代生活中"好"的标准已经发生了深刻的变化。如此的观点,倒实在值得我们细细琢磨。

此书的另一大亮点是这位"时尚达人"提供了建立在亲身经验上的巴黎"时尚地图",不仅列举精品店、美容院、餐馆、旅馆乃至博物馆、书店、公园,包括品牌网店,还"悄悄"指点每一处最不可错过的精华。去巴黎玩的时候,拿这样一本书在手,就可以摸到蓬皮杜中心的顶楼餐厅对着满城风光吃午餐,或者在圣日耳曼-德佩寻宝血拼,用伊娜

《巴黎女人的时尚经》中的一页——"网购狂潮"。

的话来说,可以昂扬地"挺进巴黎"啦。

就在近日,几位华人女星参加巴黎时装周,妆容服饰一个赛一个地泣鬼神,成了网络热门话题之一。其中一位竟以水波纹上衣配方格纹的短裙,让人不由联想到西门庆就宋蕙莲一身打扮做出的点评:"怎的红袄配着紫裙子,怪模怪样。"如今这年月还会出现宋蕙莲式的错误,简直不可思议。

因为恰好读到伊娜·德拉弗雷桑热的《巴黎女人的时尚经》一书,于是漫想:也许,中国的时尚界不妨干脆请伊娜这个级别的欧美达人来开讲座言传身教吧。

人是一己欲念的俘虏

要审讯一个法国文化爱好者,就让他看美国人演法国贵族!尤其看1988年那一版英美合拍片《危险的关系》!管保撑不了多久就心理崩溃。

这部名声甚响的片子以牛仔的粗犷替换贵族的纤雅,还让一对人高马大奇丑无比的中年男女演主角,活生生逼人想咬导演一口。须知原著中的主要当事者都很年轻,坏蛋瓦尔蒙子爵就是谈不上英俊,也起码清秀、细巧,尤其是风度翩翩,优雅迷人——具体请参考杰拉·菲利浦扮演的梅菲斯特。还有更离谱的是让基努·里维斯这个有亚洲混血的北美娃演18世纪巴黎名门子弟当瑟尼,以至该片上映之后,法国一个著名喜剧组合"陌生人"干脆抓住这一点搞笑,拍了个小说的"功夫版"改编短片,穿着洛可可风华服的绅士贵妇一言不合便以李小龙式的拳脚决高低,名为《坑爹危险的关系》("Les Liaisons Vachement Dangereuses")。

没办法,电影人就喜欢瞄上18世纪法国作家拉克

法国画家让-弗朗索瓦·德·特罗伊(Jean-François De Troy)于1730年所绘《莫里哀剧作的朗诵会》。

洛（Choderlos de Laclos）的《危险的关系》[1]（*Les Liaisons Dangereuses*），把它反复地搬上荧幕。一部有二百年历史的名著因此获得普及，知名度大增，但留在大家心中的印象却是对原作致命性的损害。两三小时的影像只能潦草排演一出风月故事，观众看了会觉得，切，富贵闲人的一场无耻淫乱而已。

然而，小说可是由175封或长或短的信札组成，读者直接面对的不是情节，而是法兰西贵族群策群力精心修炼

---

[1]《危险的关系》，上海译文出版社2011年版。

成的典雅社交语言。单纯的男女书写着天真和热情，成熟的人们则进行智慧的竞争，是文辞之美构成这部小说的致命诱惑，书写——其实是印刷——在纸面上的精致字句所赋予的感受，所缔造的意境，根本无法转译到影像之中。在各个层面的语言都粗糙简陋甚至庸俗野蛮的今天，其实有必要让自己花那么几天沉潜到《危险的关系》的文字世界里，体会思想、情感与表达之间如珐琅花纹一般眼花缭乱的错综关系，以及这种关系所激发的脑力上的愉悦感。

小说在叙述上的最大特色——多视角，也是电影难以复制的。自从人类开始围绕着篝火讲故事以来，最流行也是最简单的叙事方法，乃是讲故事的人——作者——了解全部底细，把一件事从头讲到尾。这种叙事方式的局限在于，听故事的人或者读者只能接受一种观点，一种理解，那就是作者的观点与理解。但是《危险的关系》断然抛弃了这种古旧方式。

显然是彼时法国贵族流行以通信交流消息与想法的风气启发了拉克洛，他决意给读者一个机会，通过观察互相关联的一群人的书信来往去发现真相。这就要求作者不仅设法在信札中交代情节的进展，还要根据每个虚构人物的阅历、道德、性格与教育水平定制合适的口吻。书信中披露的是每个写信者所看到的那一部分有限的真相，同时，不可避免地加入个人的评判，更会倾诉、争论、辩解、取笑、威胁，这就同时暴露了握笔写信之人的内心世界。

如此设置的高妙之处，在于每个当事者都只能看到有限的碎片，需要读者伴随着阅读过程亲自将碎片拼凑完整。这让阅读与我们自己的日常经验更为贴近，须知，我们了解任何事物，从来都是这样通过七拼八凑的听闻。由之，小说里的故事会让我们幻觉为"真实的体验"，更加富有"逼真"效果，这正是现实主义的最大追求。

更为重要的，这一复杂叙述方式让读者一边在断续的、不统一的讲述当中掌握情势，一边审视写信人们的眼光，分析他们注意到什么，重视什么，以及遗漏了、忽视了什么。信纸上众声喧哗，于是，读者在喧哗中接触不同立场看到的事件侧面，不同道德下产生的理解与评判，这不仅让小说的呈像接近真实生活本身的驳杂，更逼得读者必须依靠一己的心智来应付页面信息发出的挑战。

例如，书中有一条线索在我们看来非常奇葩，十五岁的塞西尔从下人那里听说妈妈为自己做主了一门婚事；她的妈妈沃朗热夫人也四向通报这桩婚事；亲友们纷纷听说有此婚事一桩，但是——母女之间却从来没有就此谈论过一个字。更令人惊异的是，所有人包括塞西尔自己在通信当中都没有对如此的情况表示半句的惊讶或不满。

为什么？答案显然只有一个，那就是当时的社会风俗就是如此，"有习俗常规作为依据"，大家都觉得这是婚姻的正当方式，就该如此把贞洁女子送入婚姻。都尔维尔夫

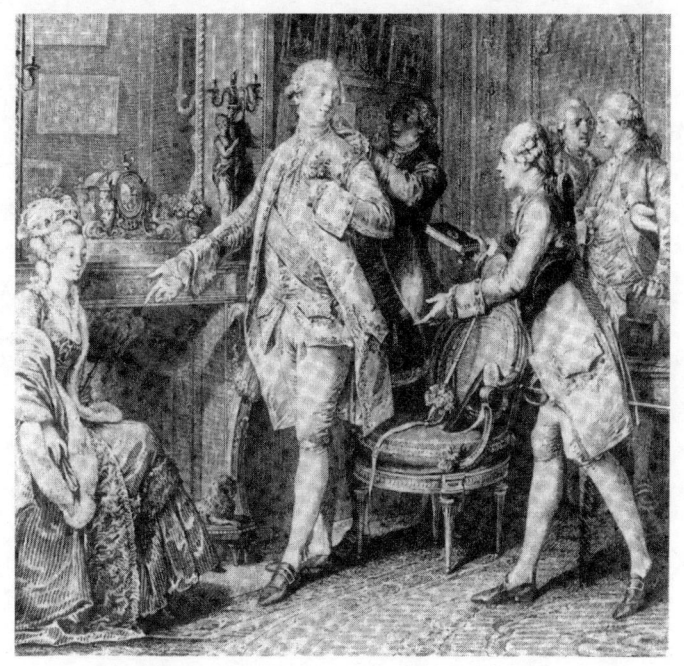

莫罗·勒·热内（Moreau Le Jeune）作于 1776 年的版画《审慎》。画面展示的内容为：任何书籍必须先经家中男性长辈审核，然后才允许年轻姑娘阅读，以此避免女性受到不良思想的污染。

人与塞西尔一样，从无知少女进入包办婚姻，只被灌输了婚姻是"神圣义务"的观念，其他全是空白。由此，我们发觉，她们的所谓纯洁不过是蒙昧，也就难怪一旦诱惑找上门来立刻堕落——根本就是傻嘛！但，这只是我们耐心细读一封又一封信之后得出的结论，书中世界里的人们却丝毫没有意识到这一点。

写信与独白有相似之处，都是急于呈现一己的内心。但写信又不同于独白,有明确的对象,意在说服对方,证明自己的正确。然而,一般来说,人在说话时永远在或有意或无意地不诚实。于是,信纸就成了人性曝光的无情舞台。随着笺札的交换,心理之间的冲撞、意志之间的交锋跌荡回旋,其中最精彩的对峙无疑是瓦尔蒙和梅尔特伊侯爵夫人。

他两人狼狈为奸,肆意勾引纯洁男女堕落,以此来满足自己最低级的报复心和优越感。同时,这两个仿佛地狱溜出来的小鬼一样的人物又一心要征服对方,要让对方向自己臣服。这种张力在通信的行文中构成了最奇异的"恶之花",两个人聪明机智,巧妙的辞令殷勤而幽默,擅长奉承又饱含嘲讽,多有洞察人性的见解。追随他俩的笔锋,一似在背德的大海上快意冲浪:"我觉得在这种对爱的布道中,您比我培养了更多的新的信徒。我了解您的虔诚,您的火一般的热情。如果这个上帝根据我们的作为对我们加以评判,您总有一天会成为哪个大城市的保护圣人,而您的朋友最多只能是个小村庄的守护圣人而已。"魔鬼的放肆叫嚣大胆却又俏皮、优雅,任谁读来也要情不自禁地浮起笑意,应该说,"危险的关系"不仅发生在书中人物之间,也发生在读者与其面对的书页之间。

有什么办法呢,拉克洛看透了人的底里,他明白人们说话时经常是说出的是一个意思,但真正想的却是另一个意思;或者铁口钢牙地宣布一个意见,其实心里期望的是对方驳倒自己、说服自己，究其实，则是希望对方应和自己潜藏的、不愿承认的想法。

另外，最致命的是，人一旦发言，经常会暴露出自己没有意识到的真情。比如，尽管男女主角异常堕落，但瓦尔蒙一开始就被都尔维尔夫人的贞淑吸引，梅尔特伊侯爵夫人也在后来喜欢上了当瑟尼的纯洁，但这两个人并不理解自己的情感，始终用习惯的思路，以魔鬼的语气渲染玩弄他人的得意。读者恰恰是从两人的自我炫耀中破解到，即使是恶，也终会受到善的感召。

然而，拉克洛并无意迎合我们作为良民——或者说庸人——的基本信条。瓦尔蒙为了维护一向所持的"三观"，为了证明自己绝对没有产生真情，竟轻佻地把一封羞辱性的分手信送给都尔维尔夫人，从而葬送了救赎的可能。让瓦尔蒙与梅尔特伊侯爵夫人最终覆辙的，居然不是正义，而是贯彻在每一行字句里的骄傲逞强。只因为非要对方跪倒在自己面前，恶魔搭档竟不惜彼此交火，以致双双败亡。不是善战胜恶，只是恶出于骄傲，出于自信，不甘下风，才制造了自己的毁灭。

如此彻底否定善的力量，真是好让人难堪。然而，拉克洛其实指出的是，不管外在的环境如何强大，也不管他人的心机如何狡猾，任何人始终只是一己欲念的俘虏。梅尔特尔侯爵夫人就犀利地揭露沃朗热夫人："这位慈祥的母亲写信告诉了我,希望我的回信会打消她的这种念头。"小说更让一个猥琐仆人用顶粗俗的语言道出了人心的真相:"和一个姑娘睡觉,只不过是让她做合她心意的事儿,这跟让她去做我们想要她做的事儿,往往还差得远呢。"说白了,书中所有信札里的巧辩、倾吐、驳斥等等都是虚张声势,写信人来来去去的唯一欲望不过是想做合自己心意的事儿,而不是明知正确的事儿。这才是魔鬼能够得手的原因。

这一番读解当然远远无法尽括作为小说的《危险的关系》那泉涌一般的意蕴,匆匆的影像则像个粗眼罗网,将这些意涵悉数漏掉。因此,据小说拍出的电影倒是最好的例子,证明文学的无可替代,与永不过时。

看巴尔扎克写"小三"

小时候读法国小说、俄国小说,接触到一个词:外室。谢天谢地,那是个信达雅的时代,换如今,是不是就会直接翻译成"二奶"了?还有每每出现的"情妇"、"情夫",应该约等于"小三"?

有时候,我会想,如果将今日中国的流行词汇一一代入傅雷先生翻译的《贝姨》[1],那是何等的喜剧效果。要理解天下"小三",包括今日中国的"小三",非读此精彩之作不可。这部小说算是把小三现象展示到了极致,除了少数几个可怜的贞烈人物——故事中的贞烈人物都很可怜——之外,全是小三,大家互为小三,小三套小三,组成一个理不清的小三网,竟至于丈人在外包养小三,结果女婿成了小三的小三,或者俩亲家争当同一个女人的小三,秽乱景象令人瞠目。

针对小三现象,我们似乎爱追问为什么,并且乐于向现

---

[1]《贝姨》,傅译巴尔扎克代表作》之二,江苏文艺出版社2011年版。

实找原因,惊呼"这个社会怎么了",作家们甚至每每慈悲地替自己笔下人物呼号:"她是一个弱女子呀!""他本是一个善良的人!"菩萨心肠一定,作家就喜欢百般为人物辩解,写小三的委屈、苦衷、善良未泯,甚至为之洗白。然而,在《贝姨》通篇里,巴尔扎克似乎并不认为一个人当小三该归咎于社会,他的小三们之成为小三,原因无他,就在于每个人自身品性里先天存在的恶劣根芽。

篇中首恶、小三极品当然是华莱丽。确实,按我们的作家普遍抱有的婆婆妈妈逻辑,这个年轻女人首先是个受害者。她是一位老元帅与其小三的孽果,由于社会歧视非婚生子女,所以只能嫁个渣男小公务员。然而起跑线不公平并不能让巴尔扎克对她有丝毫怜悯,小说中,这个女人一旦借助于洛终于驶上"不贞之外再加上投机取巧"、"一边作乐一边弄钱"的高速轨道,全部奸恶的潜质便被激活。她以及其他小三在伟大作家笔下活灵活现的秽行,让读者不由相信,无论换了什么制度、什么历史条件,人类身内的恶因都会顽强地萌芽,寻找到适合的环境,然后蓬乱疯长。

我们总喊"透过现象看本质",真是大错特错,法国19世纪文学最了不起的地方,乃是展示本质如何由于具体的历史条件而折射成云烟般变幻的斑斓现象。《贝姨》中冷静地指出:"一个女人决心拿姿色做职业做生意,并不见得就能发财。"小三在这部小说里千奇百怪的表演乃是受制或说催生于极为具体的时代环境,彼时,正是法兰西逐步成为资本主义社会、资本正式掌控国家政权的阶段。中国的"80后"一代似乎竟不知道法国也曾是帝国主义殖民强国,就是为弥补这一缺欠,也该读一读《贝姨》,了解当年上升期的法兰西、七月王朝的太平盛世。

小说集中于"十九世纪的首都"巴黎的成功人士,或者曾经成功的人士,或者即将成功的人士,或者正在成功的人士,或者差一点成功的人士,结果勾画给读者一幅群丑图。开篇的场景便极具冲击力:已现败落的元帅府邸闯来了志得意满的化妆品商人克勒凡,这家伙决意要做一做于洛男爵夫妇的小三,既是为完成梦想,也是为报仇——报于洛曾经拐走他的二奶的仇。这简直就是一个象征性的场景,展示拿破仑时代的残余势力被新兴资产阶级亲亲热热地逐步驱逐出权力场,江山易色平稳进行,波澜不惊。

克勒凡不同于葛朗台,他清楚资本的力量,于是也就清楚自己的力量,因而野心勃勃。巴尔扎克精彩地指出,克勒凡这样的"一个无声无臭的家伙爬了起来,并非由于命运的播弄,而是由于时势的必然",时代就活该让他这等深知金钱奥秘的人扬眉吐气。这个老商人当年靠向"上等女人"卖葡萄牙香水和头痛油起家,如今为证明自己确实成功地跃升社会上层,便要实现"平生大志"之一,这就是便宜实惠地"见识见识""上等女人",说白了,就是包养一个"大家闺

法国画家布尔德(Bourdet)作于1838年的版画《散步》。《贝姨》的开场即设定在1838年。

秀"，因为据他的自白，"一个做过花粉生意的，当起王爷来也是有条有理，非常经济的"。可惜他离真正的权势阶层尚隔着几重云天，这样，华莱丽便是他唯一能够接触并弄到手的上等女人了，而他浅陋的眼光也真的把这个私生女错看为大家闺秀。华莱丽的得手由此说起来一样是"时势的必然"。

极有趣的是，正如今日咱这里有些人吵嚷"民国范儿"一样，发达的老花粉商也决心屏蔽法国大革命和拿破仑，一出场就鼓吹"摄政王派，路易十五派，宫廷派"。到小说结尾时，克勒凡成功当上巴黎区长、州参议员，又可以娶华莱丽这个上等女人为太太，志得意满之余，其个人做派竟如名画家的创作一样进入了第二期，开始瞧不起 18 世纪，改而追慕"路易十四的大场面"。照这个规律，不知过一阵"民国范儿"可会被哪一朝的范儿取代？

克勒凡身上的小丑气场让这个人物倒也有趣，书中凡他一露面，戏情就一定活泼诙谐，想不笑都难。与他的腾达对照的是于洛的堕落，这才是最令人恐惧的情节。昔日拿破仑军中"最诚实，最能干，最活跃"的军需总监，老来却因为好色这一个简单的弱点，闹到身败名裂，蜕变成"人妖"式的怪物。共和时代与帝政时代的辉煌爆发竟只留下如许的残渣，真是何其伤感和难堪的事情，但巴尔扎克在推进这一可悲线索时恰恰拒绝伤感，更拒绝同情，他采用生物学家观察动物行为时的冷静，按照于洛的性格逻辑演绎他的一路堕落,无底限的堕落。

实在,巴尔扎克的巨匠特性之一,就是没有肤浅的人道主义。即使对于他不惜赞美之词的正面人物于洛男爵夫人,作家的敏锐也还是驱动他的笔时时毫不容情地犀利剖析,指出她的贞洁里太多成分是愚昧。至于小三们,则在他笔下喧嚣热闹,演出气质快活的"人间喜剧"。

所以,人类最危险的敌人乃是从他们当中冒出的文学家,有了这种家伙,人的真实状态便无所隐瞒,无所遁形。也因此,每个时代都需要自己的文学家,就是今天中国的小三们,也亟需能对他们进行准确把握的好作家,讲明他们的"时势的必然"。

温习斯万的原型

《琥珀眼的雕兔——被隐蔽的遗产》(*The Hare with Amber Eyes：A Hidden Inheritance*[1])是我在香港逛书店时购买最犹豫的一本书,结果却是最痛快读完的一本。

从264件日本传统小佩坠(netsuke)的几度转手,让读者——比如我——对于1840年代至1940年代的百年欧洲历史发生新鲜的感觉,是这本书奇特的魅力所在。

恕我孤陋寡闻,此前从没听说过Ephrussi(伊夫鲁西)这个显赫一时的犹太富商家族,也或者,曾在法国文人的笔下瞥见过,但却一扫而过,未加注意。该家族本为沙皇的子民,开山族长查尔斯·约西姆·伊夫鲁西在19世纪上半叶于敖德萨靠经销小麦发迹。世界上最大的小麦出产地乌克兰的粮食经敖德萨中转之后,再沿多瑙河或渡过黑海外销到欧洲各地,到1860年伊夫鲁西家已经成为世界上最大的小麦出

---

[1] *The Hare with Amber Eyes：A Hidden Inheritance*,Vintage Books,London,2011.

口商,号称"小麦之王"。

一如19世纪初罗斯柴尔德家族以法兰克福为起点,派遣儿子女儿们"殖民欧洲诸城"(书中原话),查尔斯·约西姆·伊夫鲁西决意让生意转型到金融领域,并雄心勃勃地着手编织跨国家族网。于是,次子伊格纳茨进驻维也纳,长子莱昂则携家前往巴黎,所负使命均为一方面拓展生意,一方面与当地政府及显贵建立必不可少的联系。

1871年,法国仍在普法战争失败与巴黎公社的余痛中,奥斯曼重建首都的工程刚刚开展15年,伊夫鲁西家的长子一房抵达巴黎,住进了蒙梭街(rue de Monceau)石膏未干的簇新豪宅"伊夫鲁西府"。书中对于这一时期犹太财富汇集巴黎的描述令人印象深刻,与伊夫鲁西府同享一条街的尚有犹太金融家族卡蒙多(Camondo)三兄妹,这一家族的路径是从伊斯坦布尔经威尼斯而至;银行家亨利·赛尔努奇(Henri Cernuschi)则来自意大利,以支持巴黎公社与可观的日本文物收藏著称;卡塔维(Cattaui)为起于埃及的犹太银行家族;阿道夫·德·罗斯柴尔德,这一著名金融家族在法国分支的族长,府邸中专盖了一座玻璃展厅陈列其文艺复兴收藏;巧克力巨头埃米尔 – 于斯丹·莫尼耶(Emile-Justin Menier)的大厦则在浮夸炫耀上盖过前述诸家。实际上,蒙梭街就是"犹太人的街,住户们在自家镀金豪宅里恣意炫富","在巴黎,'蒙梭'成了暴发户和新来者的代名词",以致左拉让他小说《角逐》里的角色、一名犹太房地产巨头生活在这条街上。此外尚有其他犹太家族，这些家族之间通过反复的联姻建立起错综而牢固的联盟，显赫一例便是阿道夫·德·罗斯柴尔德的女儿贝阿特丽丝嫁给伊夫鲁西家的"富二代"之一莫里斯。

伊夫鲁西家族在巴黎的成功迅速且强势。不过莱昂的第三个儿子查尔斯却没有如兄弟辈一样投身金融业，在股市上翻云覆雨。他走了自己的路。没花多少时间，这位出生在敖德萨的年轻人便华丽地跻身上流社会，成为贵妇们面前的红人。同时，他进行艺术收藏，从事艺术史研究，撰写艺术评论，包括颇有眼光地支持与宣传印象派，最终成为深具影响力的社交名流－艺术鉴评家之合体，成为领子式样都会被追捧的趣味风标。

教养、魅力与进取心得雄厚财富的托举，让查尔斯这样一批犹太新富轻而易举叩开巴黎上流社会与文化界的大门。他的"艺术人生"足以惹全天下的穷文人眼红：据埃德蒙·德·龚古尔透露，在起步阶段，查尔斯每天均前往有"欧洲艺术与古玩邮报"之地位的《美术杂志》的办公室盘桓一番，但一路上会顺脚拜访六七个沙龙。在当过一阵《美术杂志》的编辑之后，到1885年，他就成了这家专刊的拥有者。埃德蒙·德·龚古尔、普鲁斯特、王尔德的笔下，雷诺阿的画中，至今可以窥见这位翩翩绅士的踪影。实际上，查尔斯与普鲁斯特过从甚密,并是斯万这个人物的两个现实原型之一。

查尔斯在艺术品味上的变化过程,经书作者埃德蒙·德·瓦尔(Edmund de Waal)细致梳理,颇耐人寻味。抵达巴黎之后,查尔斯首先的研究与收藏兴趣在于欧洲文艺复兴。不过,随着佩里黑船事件,日本被迫向西方开放,和风制品大量来到法国,由此在上流社会引生了"日本风"热潮。查尔斯与其情妇、另一位犹太富商之妻路易斯作为"年轻、富有的文艺格调的后生"也自然地卷入其中,"在1870年代的巴黎,撞见一件(日本的)小巧而惊艳的物件的机会太容易,很难错过"。串联全书的264件日本小佩饰便是此际由查尔斯一次性购入,陈列在玻璃柜里,与其他收藏品一起杂烩在他的沙龙中。

对于巴黎风雅人士何以会热衷日本风,书中进行的分析非常精彩,同时,德·瓦尔也指出,欧洲人当时完全是带着掠夺的心态前往日本廉价收购当地物品。这一章节倒是意外提示了一个历史现象:如伊夫鲁西这样的犹太巨富家族在欧洲全境的迅速崛起,与英国镇压印度大起义,与鸦片战争、黑船事件约略属于同一个时期。不能不说,由于作者采取了新颖的角度,令读者也生出了与习惯有所不同的目光,意识到从整体上把握那个时代的必要。

查尔斯对于日本艺术的热情并不长久。一方面,到1880年代,日本风已经流行到泛滥的程度,和式物件几乎家家可见，不再代表品位的优越与眼光的超前，继之而起的潮动乃是收集法国18世纪以及帝国风格（拿破仑时代）的文物。另一方面，之于定居国，查尔斯与他的同族们面临到身份认同问题。《琥珀眼的雕兔》花一节介绍了当时法国的反犹运动，尤其是德雷福斯事件带来的震荡。查尔斯同其家族过于瞩目，所以成了反犹者拿着说事儿的标靶，在上流社会也时时遭遇歧视与排斥的羞辱。正是在这一背景下，步入四十岁的查尔斯顺应时风，把兴趣逐步转向18世纪的法国瓷器与壁毯、绘画、帝国式的家具和艺术品，并用这些宝物装饰在伊艾纳广场（Place d'Iéna）的更为宏丽的新宅。德·瓦尔认为，这一新趣味其实是查尔斯及像他一样的"以色列王子们"在努力"彻底融入（当地）社会"，是"在彰显精粹的法国性，彰显自己确实归属于此"。

于是，包括嵌有琥珀眼的象牙小兔在内的那批日本佩饰过时了。1889年，当堂弟维克多结婚时，查尔斯把这批小摆设连同陈列柜作为新婚礼物，一起打包运到维也纳。随着它们，读者一起到达奥匈帝国的壮丽首都，见证伊夫鲁西家族在这里的起落。

维也纳一如巴黎，一如所有受益于欧洲兴起的城市一样，在19世纪下半叶大事拆迁扩建。规模惊人、既像宫殿又像城堡的伊夫鲁西宫所坐落的环城大道（Ringstrasse）恰同蒙梭街的情况，华宅遍布，"这些崭新宫殿的住户主要是些刚刚富起来的家庭,这也就意味着,环城大道实质上成了犹太人的大道"。伊夫鲁西家族在维也纳的生意机构是这个家族纵横多国的商业网的中枢,查尔斯·约西姆的次子一系于此称雄,尽管是俄国籍,却获封奥匈帝国的侯爵以及其他一系列宫廷头衔。

查尔斯的礼物在维克多的夫人、以美貌闻名的艾米·伊夫鲁西的换衣间里,见证了这个巨商家族在世纪之交最后的黄金时光。书中点点滴滴展露的彼时欧洲大商人生活的细节惊人而有趣,如婚前本就拥有侯爵小姐身份的艾米,总是会到娘家在捷克的领地去度夏,她的娘家亦是犹太金融业巨头,其财力竟足以让著名的东方快车在这个领地上专设了一个小站!

然而,第一次世界大战改变了一切。当初,各房子孙分别前往不同的首都,本是为跨国生意的扩张建立哨站与根据地,大家族一直通过定期团聚而紧密联系在一起。但,战事一起,族亲却忽然成了互相敌对的交战国的国民,家族的商业网络也被强行割断。更糟糕的是,奥匈帝国的崩溃让维也纳这一支家族生意的主干遭受重创。敖德萨的根基更因十月革命彻底丧失。

不过让伊夫鲁西家族彻底覆灭的乃是纳粹。书中详细叙述了奥地利"合并"入纳粹德国的过程,宣布合并的当夜,伊夫鲁西宫即遭闯入的暴徒打砸抢,随后更被奥地利纳粹分子抄家。这恰恰是常被忽略的历史一页,正如德·瓦尔不无激愤地指出,"二战"后,奥地利自视为纳粹德国的受害者,由此将历史真相略过不表,逃避了本该追问的罪责。从来锦衣玉食的艾米被抛入了凌辱磨难,最终在捷克的已败落不堪的娘家领地悄然自杀。虽然其他家族成员大多侥幸逃生,但曾经富可敌国的家业却烟消云散。伊夫鲁西牌天下梦仅仅持续了三代,便成了陈迹。

没有终结的倒是那批日本工艺品的命运。简直像电视剧情节一样,伊夫鲁西宫遭查抄时,艾米的贴身女仆安娜悄悄把无人在意的日本佩饰藏起来,在战后交给了艾米的女儿伊丽莎白。于是这批见证兴衰的小古董继续在伊夫鲁西家的后裔中、在人间世辗转。当它们被传给伊丽莎白的孙子埃德蒙·德·瓦尔,这位著名陶艺家、日本文化的深恋者决意探寻如此一群美妙手作品曾经的往事。于是,他花费数年耐心搜寻前辈们的种种痕迹,这种搜寻的经历也被写入书中,颇惹感叹。

严谨辅以才华和见识,让埃德蒙最终写成的《琥珀眼的雕兔》一书从各个层面都极为漂亮,出版后曾荣居《星期日泰晤士报》畅销书榜第一名,并获得2010年度科斯塔图书奖的传记作品奖。这本书并不仅仅是一部家族史,而是从犹太人的角度,更神奇的是还加入了一批没有生命的日本工艺品的角度,去梳理欧洲的最近两百年,这就让似乎熟悉的陈旧的场景忽然重归陌生,由此引发了读者体验上的新鲜感,感受到以全新思维再度审视历史的可能。

小说写作的范本

看来，愿望再良好，也需要契机。我一直认为，勒·卡雷（John le Carré）的《锅匠，裁缝，士兵，间谍》[1]（*Tinker Tailor Soldier Spy*）是一个极好的小说写作范本，汉语写作者都该至少有一次亦步亦趋地模仿这部小说去写，由此尝试掌握20世纪英语文学如宝石镶嵌饰品一般精致华丽的技巧。结果，好像是借助最近英国"新翻"福尔摩斯故事而成的电视剧《神探夏洛克》（*Sherlock*），我们的网络作者自然地找到了一个模仿勒·卡雷笔法的机会。

网络引发了许多的新奇观。比如BBC制作的《神探夏洛克》出世之后，观众不仅对这部剧及剧中的主角发生强烈兴趣，甚至进而对于剧中两个配角——夏洛克的兄长麦克罗夫特（昵称"麦哥"）和苏格兰场警督雷斯垂德（习称"探长"）也发生兴趣，不知谁起的头，总之各国写作爱好者自

---

[1]《锅匠，裁缝，士兵，间谍》上海人民出版社2009年版。

发围绕这两个人物杜撰故事,然后晒在网上。电视剧中根本不曾碰面的两个人,就这样在众多网络作者的翻云覆雨手下,一次次地相遇,发生各种的冲撞与纠葛。像诸多网络现象一样,这个小热闹也跨越虚拟的边界,从英文网蔓延到中文网。

一个是冷酷的情报部门头子,只在乎政治棋局的输赢,一个是负责侦破犯罪的刚直警察,执着于法律的正义,写这样两个人物的故事,似乎让人自然地要乞灵于勒·卡雷与钱德勒。于是,在一些中文作者写成的"麦雷"故事里,便隐约可见这两位语言巧匠的影子。《锅匠,裁缝,士兵,间谍》中将"大臣"的豪华座驾嘲笑为"黑色的便盆",这一比喻便被"麦雷文"写手转用于麦哥那令人印象深刻的"小黑车"上。

然而,两位分别闪烁着英国文学与美国文学的晶莹魅力的作家的最该模仿之处,当然不在于此类机警的俏皮。他二人的风华,也是20世纪英语文学让人膜拜不已的地方,在于由内在结构到表面肌理的一整套高级技巧。比如几乎每一句都是"意在言外",这让小说的表面肌理犹如董源皴染潇湘山水,具体任何一笔都没有独立的形象、独立的意义,但却在整体上营造出云水连绵、山丘起伏的生动景象,营造出阳光与水雾交相统治的开阔视野。

随手一例,《锅匠,裁缝,士兵,间谍》中介绍二号男主角吉勒姆,换一个中国作家就会自作聪明地直不愣登写道:"显然因为他的法国血统,此人风流倜傥。"但小说中却时而写他内心的思路,时而写他眼中的世界,时而写别人眼中看到的他,由此"皴染"出一个与一号男主角史迈利截然相异的形象:总是懒洋洋的,但驾驶汽车时就像是个在河上划船的大学生;他的父亲是法国商人,在二战时作为抵抗战士为圆场的一个间谍网工作,而负责为其翻译密码的英国女人后来就成了吉勒姆的妈妈;这位"剥头皮组"头目有个"女朋友网"……是通过一个小女孩的眼,我们笼统得知他"金发漂亮"。这些描述是断碎的,次序被打乱,随处散布,貌似漫不经心,要靠读者调动脑力与背景知识,逐渐拼凑出完整的图像。

甚至在讲述吉勒姆的行动时,也不是直接道破他行将努力的目标,而是描摹他的感受:"吉勒姆在登上圆场的四楼阶梯时,因为想到要做犯罪勾当,心里反而很高兴……断定今天就是卷土重来的开始。"然后我们才明白原来他是奉命偷拍圆场的旧档案。"皴法"的妙处在于模拟了我们在现实世界中的认识方式——就是这样东一点西一点逐渐积累起对任何一个对象的印象,故而如此的写法会有乱真的效果,让读者产生与故事中的世界呼吸与共的幻觉,这大约要算现实主义的终极境界了。

"皴法"的另一大妙处则在于,每个句子在客观叙事的同时还能营造情境，并更进一步地营造朦胧而生气浮动的意境，让现实主义作品在任一点以及整体上都达至"有我之境"。《锅匠，裁缝，士兵，间谍》中，句子、场景、人物、情节，通过交错的编织传达出多层的信息，字面是讲述一个抓叛徒的故事，却有潜在的主题、情感、情绪于字里行间弥漫。长达几十年的间谍生涯中，矮胖的斯迈利把"学术研究"当作"行之有效的散心办法"，俊秀的海顿则是个绘画作品被挂在贵人大宅里的才子，盛世收尾之时总是产生这种珍珠般莹润的"风流俊品"，只可惜无一例外的也都是"生于末世运偏消"。"可怜的人儿。为大英帝国受到的训练，为统治海洋受到的训练。可是现在一切都完了，都被夺走了，一去不复返了。"小说呈现的是多个圆场间谍七零八落的命运，发散出的却是一个帝国日落西山后的无奈。

身为一艘缓缓下沉的巨舰上的水手，有心杀敌却无力回天，面对这种注定的凄凉命运，如何避免说教的陷阱，小说在这一点上的手法着实值得我们琢磨。勒·卡雷用一个帝国的象征物代替了帝国本身，那就是史迈利的妻子、家世高贵（半个英国上流社会都是她的表亲）的安恩，她美得让所有男人都一见难忘，却反复出轨，不定期地同不值一钱的情人离家出走。史迈利的反应则是"想以自己的脆弱保护她的脆弱"，"爱一个人、真心地一辈子爱一个人"。也就难怪他周围的义气男儿竟一致支持他的这种坚定与坚决，仅仅因为见识过她那气质高华的美——"你怎么能这么庸俗？没有人会和安恩闹离婚的。送束花给她，然后来和我吃中饭。"如此，小说针对"我爱英国，但英国爱我吗？"这种恼人困惑提出了强硬的答案。堪叹的是这一种坚决与坚定也是那么地没有热度，一如夕阳沉山之后残光尤明的余景。

与之相对应的则是海顿的轻浮。天下才子真是一样的靠不住，海顿以"英国不爱我"或"英国不再值得我爱"一类设定为依据，风流潇洒地背叛了一切，包括战友们，包括情人们。小说在从容的笔墨皴擦中昭告天下，无论海顿对自己的通敌如何辩护，驱动他的仅仅是"庸俗"。

那么，又是什么将史迈利、吉勒姆、普莱多等人与海顿、潘西们截然划分成两类人群？不是曾否受惠于帝国，而是道德，是人在内心的自我规定，小说仍然是以淡淡的皴笔将这一观点传达给读者：尽管吉勒姆是为了挖出内奸才会偷拍自己组织的内部档案，尽管一开始他对此感到兴奋，但该章结尾却是："他感到了卑污，甚至憎恨自己。"顺便说一句，小说中虚构的苏联情报机头头子、令史迈利深畏的"卡拉"，居然每每让读者想到普京，由此可见作者见识与笔力的厉害。

在如此的"皴法"式写作上，钱德勒与勒·卡雷可谓殊途同归。也许钱德勒的整体成就远在勒·卡雷之上，不过，勒·卡雷的"文法"却更明白可见，更好模仿。因为他的风格出自于英国文学的经验，所以文雅蕴藉，模仿起来也不容易跑偏。钱德勒更像我所深爱的王原祁，枯笔渴墨，似平实险，学不好便成了丑怪。勒·卡雷却如董源或巨然，水墨丰润，郁然深秀，临摹的过程让人同时修道练气。

应该把《锅匠，裁缝，士兵，间谍》的每个句子、每个段落、每个章节、每个人物，乃至其中的每一场雨、每个荒草丛生的球场……都反复研究，然后自己想一个截然不同的故事，再试着严格按照这部小说的笔法去写。至少这种尝试可以让人明白，不是把汉字联成句子就叫写小说。

现代小说是一项优美而复杂的智力竞赛，既然拿起笔，就该努力避免拉低古往今来全体小说家的平均智商。

璀璨莫过钱德勒

当时，我居然没有概念去看一眼《长眠不醒》的译者是谁。二十年后，拿着原版的《The Big Sleep》[1]，一句句与记忆中的中文译文对照，这才意识到自己当年何等幸运，能够通过那样传神的、流光溢彩的翻译首次接触钱德勒（Raymond Chandler）。

从《长眠不醒》的第一页起，便被耳目一新的感受照亮，以至我至今还记得那是在姨家，无心地拿起一本侦探小说集，却立刻被吸引住。从此，在我心目中树立了顽固的成见：关于20世纪的美国小说，关于20世纪的现代小说，在我，标准就是钱德勒，特别具体的就是《长眠不醒》。看一切"后钱德勒"的作品，我总是下意识地以《长眠不醒》作为衡量，由其脉络发展下来的就是好小说，是现代文学，非之则否。诚然，这种私人标准十分偏狭，可是没有办法，一

---

[1] *The Big Sleep*, North Point Press, San Francisco, 1989.

朝定型，再也无法改变。我甚至一度坚信，20世纪是美国文学的世纪。

不曾，也许是不愿，对《长眠不醒》给予我的震撼启示加以理论性的总结。反正我清楚，通过它，我一下明白了话本说书、19世纪全知全能视角的小说与20世纪美国现代文学之间的质的区别。对一个10到12岁的孩子来说（不敢确定具体岁数，可以肯定当时还是小学生），第一抓住我的是字里行间的冷诮语气："她想要保持一个乖巧的微笑，可那脸庞太疲倦了，懒得费力。"其次便是几乎第一次接触到的由主人公视角出发的叙述方式，是后来在美国小说中那么常见的，在不连贯的叙事当中让前因后果、人物形象、背景与过程等一点点拼成全图的奇妙技巧。

应该说，这本小说给我最大的教益，乃是领悟现代小说如何达到"意在言外"，以及如何制造现代文明的"象"。别人也许会写："我对这座大而无当、伪古典派的大厦投以轻嘲的目光。"在《长眠不醒》里，却是："在宽敞得可以通过一群印度象的门道上方，有扇巨幅的玻璃花窗表现骑士救美……我站在那里寻思，换上我住在这房子里，早晚有一天会要爬上去帮那骑士一把的。他看起来并没有真在卖力。"

小说用这种奇妙笔法制造出的一个个意象或说意境或说情境，啊，多年来随时能浮现在我眼前！比如家具的象牙色被落地长帘的白色衬得发脏、而白色又被象牙色衬得惨淡的大厅里，黑发的富家女郎倒在贵妃榻上拿白兰地当午餐，这根本就是惠斯勒笔下的画面么！

至于琢磨用怎样的叙述技巧把这一个个同时闪烁着都市之光与地狱之光的意象连缀，引诱读者在谜式的情节、梦样的过程中载沉载浮，则始终是个好的借口，每次拿起这位硬汉派侦探文学大师的作品便不能释手之时，就靠它来开释罪恶感。

是钱德勒，而不是海明威，向我展示了何为"美国文学的语言"，因此不禁会心莞尔于洛杉矶侦探菲利普·马洛如此的自我介绍："我上过大学，必要的时候能说英语。"然而，不止如此，这部侦探小说经典实际上让我明白了"美"，文学语言所能创造的独特的"美"。

不过，作为商业文学，钱德勒的作品缺乏"深刻"，这曾让我尴尬，让我耻于自己迷恋通俗文学，所以竟然未把当初那本载有《长眠不醒》与《锅匠、裁缝、士兵、间谍》——后者让我迷醉于英国文学的气质——的侦探小说选集保存下来。其实，早在1971年，英国《泰晤士报》在纪念钱德勒逝世的文章中已经庄严宣布："有十余位侦探作家同时也是创新者与文体家，而他显然是其中之一。通过犯罪文学这一流行脉络，他发掘了文学的黄金。"（引自小说英文版的前言）

钱德勒不是巨匠。关于文学的另外一些非常重要的性格，如深刻，仍须从托尔斯泰等大师那里去学习。不过，钱德勒的创作展示了文学作品可以如宝石首饰一样，仅仅以光辉璀璨为目的，一如 W.H.奥登对于《长眠不醒》等小说的精辟评断："不要作为消遣文学，而是要作为艺术品来阅读和判断。"

假如我早就得知英语世界对这位侦探小说家的评价，那么也许我就会保留当初那本小说选集，也就会在某一天终于想到去看译者的名字。那位引路的前辈，我竟是何等地欠他的情！

认识心灵的历史局限

在当今青少年热衷的漫画文化、网络文学中,"哥特风格"是很活跃的一支。如果告诉他们,狄更斯的《远大前程》等小说乃是"融合了偏执狂哥特式小说的关注点和主题",是否能让继起的几代人重新对这位大师发生兴趣?

阅读西方学者著作的乐趣,在于获得他们对于自身文化系统的多方面信息,扩充见识。《男人之间——英国文学与男性同性社会性欲望》[1](*Between Men: English Literature and Male Homosocial Desire*,以下简称《男人之间》)一书便把我一向感兴趣的"偏执狂"主题连接上狄更斯,也使我得知,曾经很着迷的《火车上的陌生人》、电影版《夜访吸血鬼》之类淋漓演绎的变态痴缠,早在1824年出版的《私人回忆录与一名清白罪人的告白》中便已奇花烂漫。

《男人之间》探讨男性社会的运行机制,标示"男人之

---

[1] 《男人之间——英国文学与男性同性社会性欲望》,上海三联书店2011年版。

间的关系在结构上的种种历史差异"。不过，该书把观察深入到意识与心理的领域，提出，男性针对同性的"社会性欲望"具有重要的驱动作用。

作者伊芙·科索夫斯基·塞吉维克（Eve Kosofsky Sedgwick）以为，把某一具体历史时期的具体文化中的具体现象升华为"普遍性"的表现，是帝国主义式的思维方式。因此，她把观察范围集中于18世纪中叶到19世纪中叶的英国小说，由之分析英国文化于此百年间在经济、意识形态、对性别的处理等诸方面发生的深刻变化，引导读者同意：支配我们最日常行为的那些规则，包括什么是"男性特质"、什么是"女性特质"这类似乎最基本的观念，都必须"适当地放到传递性别权力和阶级权力的各种具体制度和形式的语境中"加以考量。通过这种考量，我们才能惊觉于自以为"万古不易"的诸多观念其实是何等地具有历史性，是社会流动变异的一时产物，因而是暂时的现象。

恰逢新版《水浒》电视剧上演，于是近来不止一位朋友抱怨：这批电视人干吗非要对古代经典进行那么大尺度的情节改造？对此我有个猜测：今天中国人处于"现代化"的半截子道路上的观念意识，已经完全无法认同甚至不能容忍《水浒》原著的那个男性世界了。

五四运动遭遇到欧美世界的一个特定的历史阶段，这一特定历史阶段的观念现象给中国"新文化"所施加的深刻影响,似乎尚未得到全面的、深入的描述。很多文化人以为淘到了西来的法宝,以为学到的世界观是万古不易的真理,是一种据以施加最终裁判的标准。以《水浒》为例,如果以为西欧骑士文学所标榜的骑士观念、浪漫主义所标榜的人道主义及殖民主义、美国好莱坞军事片的个人英雄主义代表"对",那么《水浒》里的一切就只能是"错"。

如果借用"男性同性社会性欲望"这一分析方法去审视《水浒》,理解驱动其中人物行动的心理动力与当时权力机制的复杂连动,或许不至于如此隔阂。当然,应避免如此简单地搬用西方理论。这里只是想说,高度发达的西方学术理论真的具有超乎寻常的"实用性",可以非常具体地为我们解困。《男人之间》的作用之一,便是能让我们反省不知经过怎样的途径就深深种植在意识中的那些观念,认识到自己的心灵的历史局限性。

应该的真诚

《百年孤独》[1]（*Cien años de soledad*）的"正式全译本"推出，立刻成了朋友们的话题。

坦白说，在此之前，我还真没注意到，曾经熬通宵狂读的那本《百年孤独》只是转译本或合译删节本。倒是清楚记得，黄子平的夫人张眉珊女士作为熟悉西班牙语的归侨，曾经感叹原文中诸多复杂精妙的时态、语法所营造的意境实难通过译文传达。

借着这次机会，网上又在玩笑地列数有多少中文作品学步"多年以后……"这一开头，让我赫然发现自己也是其中之一，曾经于发表在《艺术世界》上的一篇论画随笔《书生的蔷薇架》中曰："多年以后，题画人张兴铺仍然清楚地记得《映花屋图》一画的缘起。"然而写下此句时我甚至根本没察觉到在挪用加西亚·马尔克斯（García Márquez）的华

---

[1]《百年孤独》，南海出版社 2011 年版。

丽开篇，看来，《百年孤独》已然沉淀在几代中国文学爱好者的潜意识中，快要刻入基因了。

有意思的是，余中先先生曾经仔细解释：西班牙文化中，姓氏的构成习惯一般把父姓列在前，母姓列在后，因此在称呼时要把父母两方的姓都呼全才合乎礼俗。如果像中文世界曾经习惯的那样，把巴尔加斯·略萨简称为"略萨"，"他的舅舅会很高兴，他的父亲就会不高兴"。虽然过去三十年里中文读者的叫法肯定会让《百年孤独》作者的外祖父、他生命中的关键人物马尔克斯·梅西亚上校的在天之灵特别高兴，但看来我们还是必须遵礼重俗，习惯于改呼加西亚·马尔克斯。

在同乐乐的愉快当中，我心底的一个模糊疑问却也顺便浮起：对于西班牙语世界的文学，我们的了解程度究竟到几分？就个人的经验来说，我好像只知道几部名著，其中草草看过的也只有《堂·吉诃德》与《小赖子》，然后便是"文学热"时翻译过来的那一批拉丁美洲魔幻现实主义佳作。几年前一时兴起自学西班牙语，于是乎装模作样地买来北京外国语大学为高校语言专业学生编写的《西班牙文学选集》，才第一次听说"1898一代"，听说"1924一代"及其所创造的"白银时代"，也首次见识到"黄金时代"除塞万提斯之外的那些大家的名氏。可惜，作为一种如繁花生树般丰饶优美的语言的初学者，咱对着这些名家名篇只能徒然兴叹。

显然，绝大多数的中国读者都无法拜读《西班牙文学选集》，对他们来说，最需要的是一至多位精通此一文化体系的作家，如李长生介绍日本那样，以雅而润的散文坚持不断地展示西语世界的方方面面。李长生先生让我们这些不懂日语者得到了多少关于东瀛文化的巨细信息呀，那种仿佛获得了一种新视力的享受感，也同样可以来自其他的地域与传统。

说来难为情，由于国内总把西班牙语列为"小语种"之一，直到开始自学，我才惊讶地得知，原来西班牙语是当今世界上的第三大语言，每十个人当中就有一个靠它思维、表达和交流。年高德劭的西班牙现任国王胡安·卡洛斯一世说过一句话："西班牙语乃是当前在全球范围移动的最为重要的文化边界。"大约最传神地概括了发源于伊比利亚半岛的这种语言在历史与现实中的状况。

怀着好奇，努力与地球上十分之一的人分享他们的那一文化传统，无疑是一种应该的真诚。

寄望中产阶级？

在《伊斯兰资本主义的兴起》一书中，作者瓦利·纳斯尔（Vali Nasr）谈到，美国人一提起"资金"与中东的关系，便下意识地立刻联想到恐怖分子的武器买卖之类。其实持如此看法的何止美国人？对于这种普遍的偏狭态度，《伊斯兰资本主义的兴起》一书试图加以有力的纠正。

这本书于 2009 年以硬皮精装的形式首版，当时书名为《财富的力量——新兴伊斯兰中产阶级的兴起及其对我们的世界之意义》(*Forces of Fortune*：*The Rise of the New Muslim Middle Class and What It Will Mean for Our World*)。到了 2010 年 6 月发行平装口袋本，改名为 The Rise of Islamic Capitalism[1]——"伊斯兰资本主义的兴起"，副题是"何以新兴的穆斯林中产阶级为击败极端派之关键"（Why the new muslim middle class is the key to defeating extremism）。

---

[1] *The Rise of Islamic Capitalism*, Free Press, New York, 2010.

作者瓦利·纳斯尔出生于伊朗，现为美国塔夫茨大学弗莱彻法律和外交学院教授，是当代中东问题方面富有影响力的学者型专家，自2009年起被奥巴马政府聘为阿富汗与巴基斯坦特使理查德·霍尔布鲁克的高级顾问。同时也是个活跃的写手，在《纽约时报》、《华盛顿邮报》等多家媒体开专栏，所著《什叶派的复兴》一书曾经登上《纽约时报》的畅销榜。

《伊斯兰资本主义的兴起》短短一年间就得到再版，看来在英语世界颇受欢迎。这也许因为书中提出的主张符合人们渴望和平的心理吧。针对美国政府"以暴制暴"的强硬策略，纳斯尔试图提出另一种疏通困境的思路。他在开篇不久就引用了一个有趣的事例：现任教皇于2006年参观伊斯坦布尔著名的蓝色清真寺，看到一个主要出口上方悬着一面巨大的铭牌，便问随从人员上面的花体书法内容为何？原来那句话是："商人为真主所眷宠。"以此，纳斯尔提醒读者回忆起伊斯兰文明长久存在的经商传统。

他指出，在全球化的时代，伊斯兰世界当中的商业活动与世界市场接轨，由此不仅爆发出空前的活力，而且催生出一个新兴的中产阶级。这个阶级的特点是一方面进入了全球化的经济网络之中且如鱼得水，另一方面却在观念上趋向保守，回归传统成了普遍现象。

何以一个拥抱现代化的阶级会同底层群众一样趋向保

守?纳斯尔归结为凯末尔主义的"悲剧性失败"引发的负面效应。对相关几个主要大国推行凯末尔主义的不成功过程,他逐个加以介绍,对我这等读者倒是很好的见闻扫盲。凯末尔主义由少数专制统治者在一国之内强行推行现代化、世俗化,不但与既有的文化经验脱钩,而且以全盘否定并铲除传统为己任。这种自上而下的改革弊端重重,腐败、效率低下、社会不公、经济停滞等现象便促生了民众的逆反思潮。

纳斯尔眼中的良方是,鼓励私营经济,让自由市场催生一个庞大的新兴中产阶级,这一阶级融入到全球市场体系之中,不像凯末尔主义之下的开明阶层那样依附于本国的专制制度。新兴中产阶级出于自身利益的考虑,必然会反对本国的专制政体,拥护民主、自由等普世价值。

对纳斯尔来说,他所希望的这一历史解决方案正在发生过程中,几年来纷呈于各国的抗议运动即为明证。因此,纳斯尔恳切地提出,面对一边回归保守传统一边投入现代市场经济的奇特现象,美国等方面的策略应该是引导而不是漠视,以期与私营经济天然相连的新兴中产阶级会由量变趋向质变。

专家的高论是否能够"赢得未来"(该书末章章题),自有未来加以检验。对中国读者来说,该书提供的种种细节信息已很有价值。

纳斯尔谈及,美国用兵阿富汗与伊拉克,实际上是为伊朗剪除了左右翼的对手，结果不仅伊朗的政治影响力，连民间经济也在这两个国家空前活跃，甚至伊朗人前去大搞房地产开发。再如迪拜与伊朗之间具有历史的与现实的紧密联系，伊朗富人不仅在迪拜投资、购置房产，还时兴驾车前来这里享受本国没有的消闲娱乐。实际上伊朗国内的情况也与我们想象不一样，手机与互联网应用普遍，开博客人数比例全世界居首，甚至神职人员也热衷在博客上讨论教义。最有意思的是，在拉夫桑贾尼改革后期，伊朗曾爆发关于是否采用"中国模式"的热烈讨论。诸如此类，皆为如我者闻所未闻。

不过，让我几乎惊掉下巴的倒是书中这样一条论述："全球化大体上被看做有关美国势力消弱与中国崛起的故事，伴随着中国与美国轴心关系的形成，也就是历史学家尼尔·弗格森所称的'中美国'。但这一庞然的东－西轴心现在为各种区域经济所穿插，而其中商业的流动则日渐地是以迪拜为通渠。"

2008年经济危机爆发之后，"中美国"之说忽然喧嚣一时，但中国人一般都以为这不过是随风而过的浮云，只堪一笑。谁知才到2009年，便有纳斯尔这样的美国主流学者把此一未经验证——也经不起验证——的荒诞说法视作历史真相，视作公认的定论，引述为自己著述主题的背景！他的读者属于西方精英阶层，难道也同意这一观念吗？

看来，与我们不同，欧美人目前对所谓中美之间形成"东-西轴心"这一立论认真以待——虽然也许只是暂时的。倘若如此，那么倒提醒我们，关于西方人涉及中国的种种流行说法应该及时掌握。这些论调越是与我们的认知差距巨大，反而越值得努力去理解：此时此际，他们为什么会这么想，这么说？

理解他人的努力

在曼谷机场的书店闲转,发现收银台旁的热销书展示台上摆着一本讨论西方与中东关系的英文书。此书封底上的作者履历介绍实在惹眼,吸引我满怀兴趣地将它买下。

格拉汉姆·E. 福勒(Graham E. Fuller)曾在上世纪80年代担任中央情报局(CIA)的国家情报委员会(National Intelligence Council)副主席,后来又在著名的兰德(RAND)公司就职高级政治科学专家,如今转而在大学任教。他自年轻时起于伊斯兰世界生活与工作20余年,撰有多部探讨中东问题的专著,我在曼谷机场撞见的正是他的最新一部心血之作。

这书的标题挺刺激眼球——《假设没有伊斯兰的世界》(*A World Without Islam*[1]),不过,作者绝非要否定伊斯兰教,而是意图通过换一种思维的方式,帮助美国人摆脱目前

---

[1] *A World Without Islam*, Back Bay Books, New York, 2012.

的教条化误区。

在前言中,福勒就诚恳地声明,他对于伊斯兰的文化、艺术、科学与哲学都怀有无限敬意。他指出,伊斯兰文明是历史上最伟大也最具持续力的文明之一,没有任何其他文明能够像它那样在如此广泛的范围内始终活跃,"倘若没有伊斯兰文明,世界将变得远为贫瘠"。

那么,福勒又为什么要"假设没有伊斯兰的世界"?他是想推动西方读者去考虑,欧美与中东今日关系如此紧张,乃是地缘政治冲突的长期历史积累的恶果。要哪一种宗教为这一危机局势负责,那是错把现象当成了根源。

据书中介绍,许多美国人之于"9·11"的理解很简单:美国那么尽力地维持世界和平,却竟遭到几个疯子杀手丧心病狂的攻击。如此行为必须立刻予以严惩,必须通过全球反恐战争来斩草除根,"简而言之,历史由'9·11'开始"。但是,这些美国人竟完全不知道,在世界上其他许多人眼中,"历史并非由'9·11'开始,而是有着长长的前章"。

为了让美国读者了解"他人"的经验与观点,作者逐章回溯欧亚大陆围绕中东展开的一段又一段历史,其中尤以东西关系即中东与欧洲的关系为重点。他指出,近两三个世纪,欧洲人在中东地区的殖民与帝国主义行为让当地人民丧失了一切,必然激发反帝、反殖民抗争。福勒反问,这种情况,会因为当地具体有着哪种宗教而改变吗?他尤其详细讲述天主教与东正教之间漫长的缠斗过程，由此证明，即使中东地区如今是皈依东正教或者拜火教乃至其他宗教，甚至没有宗教，形势也不会两样。

福勒批评，由于欧美人拒绝正视殖民与帝国主义行为的危害，所以就不能理解何以与中东乃至整个穆斯林世界闹成今天这个局面。这位中东问题专家倒也并非要为谁代言，他是依据自己的理论，希望美国政界与媒体走出认识的盲区。他指出，西方人应该放弃用宗教贴标签的做法，承认这场冲突的具体内容都属于人类普遍的社会与政治问题，并且要认识到，西方人在其中也承担着一部分责任。但是，"9·11"之后，华盛顿的决策者却更喜欢自说自话的"他们为什么要恨我们"版本，然后沿着错误的轨迹一意孤行，结果让美国人代价巨大。

若依福勒的主张，那么美国应该彻底改变策略，包括全面从中东撤军、尽快解决巴勒斯坦问题等。此书写成于奥巴马上台之初，然而已经预言到："美国必须接受这一点，在大多数穆斯林国家，一旦启动民主程序，都会是伊斯兰党派在早期选举中合法获胜。"而今经埃及之春后读来，不禁感慨福勒的见识。

让人喜欢的是，福勒虽然是资深专家，叙事与阐述都严谨绵密，但文风却浅白平易，显然，他不是为少数精英写作，而是希望尽可能多的人都来读，都能读懂。显然考虑到很多读者对于伊斯兰教甚少了解，作者一边论证自己的观点，一边随时介绍这一宗教的各个方面，从它与犹太教、基督教的关系到"杰哈德"（圣战）概念的历史演变，信息量相当丰富。因此，不管最终是否能被他说服，但阅读中一定会受益。

这本书不仅获得西方各大报纸的一致好评，还能在机场书店的热销书展示台占据一个位置，显然，大众读者也是有眼力的，资深老专家的努力获得了回应。

暗战引发的明火

自中学起便喜欢逛王府井新华书店，没想到如今竟能在这里直接购买英文原版畅销书，于我这个外文读物热爱者真是赏心乐事。

前不久即在该店购得斯蒂夫·科尔（Steve Coll）所著《幽灵战争——自苏联入侵至"9·11"期间中情局与阿富汗及本·拉登之秘史》[1]（*Ghost Wars*：*The Secret History of the CIA*，*Afghanistan*，*and Bin Laden*，*from the Soviet Invasion to September 11*，*2001*，以下简称《幽灵战争》）一书。随后在香港叶一堂书店亦见到此书在架，印证书封上宣称的"国际畅销"果非虚语。

这个世界上的大多数人大概都和我一样，通过新闻注意到"本·拉登"、"基地"、"塔利班"的时候，这些字眼所代表的势力已然与美国水火不容，互为仇敌。因此，书中以令

---

[1] *Ghost Wars*, Penguin Books, New York, 2005.

人信服的事实揭示的真相便显得颇为震撼，这事实就是，用俗点的话说，基本上，美国中央情报局、巴基斯坦情报机构以及沙特阿拉伯就是塔利班他妈、基地组织他妈，是当今各种原教旨恐怖组织他妈，即使不是亲生的，也至少是奶妈。

作者举出的一个真实细节何其生动：1995年，沙特情报部门负责人巴迪德第一次抵达坎大哈接触塔利班，受到该组织中一些留着大胡子的年轻战士的热烈欢迎："您还记得我们吗？我们曾是您的学校的学生！"原来，在反苏"圣战"当中，巴迪德曾经用个人善款在巴基斯坦边境建立一所宗教学校，在其中上学的一些阿富汗男孩日后恰恰成了塔利班骨干。

如果来点玩笑态度，套用今天网络小说读者的归类法，那么可以说《幽灵战争》讲述的是一个"养成系"加"虐恋"的故事，展示美国中央情报局（CIA）如何不辞劳苦地把伊斯兰极端势力拉扯大，然后痛遭反噬。据书中的梳理，在上世纪70年代末，前苏联先是支持阿富汗的亲苏政权，后来干脆直接大军入境，中情局以及美国政府敏锐地意识到良机难得：如果通过暗中支持阿富汗的反苏武装力量羁绊住苏军，令之脱身不得，那么可以很好地消耗主要政治对手的实力。巴基斯坦特别是其情报机关出于地缘政治的考虑，与中情局一拍即合，负责中转美方提供的武器、资金与实战技术培训。极端保守的沙特阿拉伯则从意识形态与政治目的等多个方面都积极支持反共,更鼓励原教旨运动,因此慷慨提供资金。由此,三者展开了错综交织的秘密合作。另外,这一斑斓的景观中也不缺欧洲情报机构的影子。

在科尔看来,彼时阿富汗境内反苏武装派别纷杂,原教旨分子只是其中一派而已。但沙特出于意识形态,美、巴出于实际利益,一致选择这一派作为主要支持对象。于是,意外出现了,本已现诸多国的原教旨思潮因缘际会,快速发生质与量的转化。书中的字字句句让读者每生"原应叹息"之感慨,益发觉得对历史似乎也只有采用"同情之理解"的态度。

不过长期职业记者生涯让科尔态度冷静,他所持的立场是理解,却并不同情,只管用桩桩件件的证据摆明美国人的作茧自缚。例如一个最惊心的情况是,世界各地不满现实、受激进教派影响的青年纷纷来到阿富汗志愿参与"圣战",固然为反苏战争提供了兵源,但苏联解体之后,这些青年回家的回家,漂泊的漂泊,就此把圣战扩散向八方。换句话说,如果没有那么多设在巴基斯坦边界、由美国幕后指使的军事训练营,就绝不会有那么多青年获得日后从事恐怖活动的娴熟技能。

看得出,科尔并非从人类正义的高度来审视这场荒唐的悲剧,而是从爱国主义的角度,即,从纯粹美国利益的立场。不过,作为《华盛顿邮报》的资深记者,他不仅善于引领读者将千丝万缕的线索梳理清楚，而且对于这场仍属现在进行时态的历史过程颇富洞察力，所提出的观点往往犀利。

比如，他指出，里根政府在对抗苏联的问题上，恰恰采用了基督教"圣战"的观念，所以其实与伊斯兰极端派的圣战观不谋而合。他更提醒人们该知道，沙特阿拉伯恰恰是世界上第一个通过圣战建立的伊斯兰国家。最切中要害的分析则是，对于阿富汗，美国大致从英国那里继承了吉卜林式的陈旧认识，结果，"在1988至1992年间，当良机天降，理应完成新帝国的艰难使命"之时，美国却无力把握机会。

不知是否出于为美国洗白，科尔极力强调巴基斯坦在这场培育恐怖组织的灾难游戏中的关键作用，倒让人意外地注意到，这个似乎一向被世界忽视的年轻国家在怎样地挣扎求生，并且似乎干得还不算太赖。

最不幸的当然是阿富汗人民，成了大国争霸、地缘政治冲突等多层对抗的苦难牺牲品。令人义愤的是，苏联突然解体之后，美国认为通过阿富汗拖垮对手的目的已经达到，便立即对这个国家放手不管，等着各派军阀自己斗个输赢。阿富汗久经战火之后又被国际社会弃如敝履，长期内战导致民不聊生，最终引发一群乡下宗教学生揭竿而起，除霸安良，塔利班就此出世。

科尔早在1990年就获得了普利策新闻奖，他的这本《幽灵战争》无疑是个范本，让人充分领略西方新闻工作者的严谨与勤奋。在长达数年亲自报道中东风云的经验上，科尔又花几年时间遍访各方关键当事人，查阅解密档案与权威著述，附在书后的资料来源索引便达 20 余页，几乎段段有出处。翔实的资料不仅让全书视野开阔，鞭辟入里，更时时有俏皮细节牵引读者的兴趣。布局章法亦深居功力，从 1979 年苏联入侵阿富汗前夜开始，戛然止于 2001 年 9 月 10 日。尤其是"9·11"前最后两日的讲述，字里行间仿佛迸发兵戈铿锵之声，紧张如同戏剧。

既立体丰厚，又洞察幽微，如此的优势让该书于 2005 年获得普利策非虚构类作品奖，就此畅销全球。自上世纪 70 年代至今，中国自身的历程激荡起伏，这就让我们无暇分心去注意世界上其他地方的事情。《幽灵战争》正是极好的补课，让人看到与改革开放进程同时的风云一页，从而将自身的经验嵌进更为广阔的全球图景之中。

近日法国出兵马里，紧接着发生阿尔及利亚人质事件，让世人不得不正视"北非之春"引发的意外连锁反应。当此之际阅读《幽灵战争》一书，感触又深一层。人的眼光就是这样有限，聪明者也顶多能看出一步、两步棋，没谁可以预测更无法控制连锁反应导致的后果。不过，更惹叹息的是，今日马里局势显示，人类似乎是不会接受教训的。

当初欧盟尤其是法国倾力支持利比亚反政府武装，却难料，卡扎菲倒台之后，曾经为其手下的马里雇佣军带着武器回流到祖国,搞起了极端派的武装叛乱。偏偏,在近几年,美国军队出于反恐目的对马里正规军进行培训,然而乱事一起,受过训练的军人竟纷纷转投叛军,雪上加霜!摔同样的跟头,这就让旁观者有点不解了。

阅读《幽灵战争》,我们并不会变得更聪明,但也许能明白一点:无论如何,我们也不会变得更聪明。因此,再要自作聪明之际,想着先掂一掂自己的分量。

梦迷孟加拉湾

《中国与印度相会之处》[1]（*Where China Meets India*）对我来说是一本在香港错买的书。我本来以为这本英文著作会讲述文化史，没料到作者关注的却是时局，甚至试图预测历史趋势。

快速的现代化发展，会让中国与印度不久之后变成直接的邻居？这是《中国与印度相会之处》一书所提出的大胆设想。

所谓"成为邻居"并非双方国境线接壤，而是说经济、文化乃至政治影响的边际彼此相逢甚至交锋。《中国与印度相会之处》的副题为"缅甸以及亚洲的新转折（Burma and the New Crossroads of Asia）"，已经点出了作者的预见：中、印的最终会师之地将是缅甸。依书中的夸张说法，缅甸将成为两大古老文明的"新的交界线"，如此的情况一旦发

---

[1] *Where China Meets India*, Faber and Faber, London, 2011.

生，必将会给亚洲、给世界、当然尤其给缅甸带来难以估量的影响。

虽然缅甸在今天的西方世界是个热点，但《中国与印度相会之处》无疑是相关英文著作中自成特色的一本。作者吴丹敏（Thant Myint-U）为缅甸外交家、联合国第三任秘书长吴丹之孙，先后就学于哈佛与剑桥，主攻缅甸史，接受到良好的学术训练。生活在欧美，用英语写作，吴丹敏不可避免地为西方世界当前流行的思潮所形塑，同时也力图形塑他所置身其中的思潮。不过，他自幼常被长辈带回缅甸探亲，因此对故国培养起了真心的关切，这使得吴丹敏能将缅甸置于视野的中心，将当地人民的福祉放在首位，"对缅甸意味着什么"这一前提恰恰帮他跳出欧美学者的习惯思路。

痛心于缅甸的贫穷落后，他一再批评西方的制裁政策，指出这一策略不仅徒劳无功，并且实际上受损的只是该国的普通民众。仅仅一界之隔，云南的城镇却是各种繁荣，也许正是这种强烈对比造成的冲击让吴丹敏高度肯定中国的经济成就，希望中国的发展能够带动缅甸。关于中国帮助缅甸修建大坝等工程，他就与很多西方达人的态度不同，因为他知道太多的当地人至今用不上电，急需获得电、自来水、公路这些现代生活的基本设施。

吴丹敏一再强调，尽管缅甸曾经被英国划归为印度殖民地的一部分，缅、印之间历史上曾有密切的连接，但今天却是中国在这里表现活跃。也因此，书中花了更多的笔墨分析缅甸对于中国的意义，如"马六甲困局"一节即认为，中国希望也变成"拥有两条海岸线"的国家，在太平洋海岸线之外，通过缅甸与孟加拉湾发生连接，从而建立直达印度洋的通道。吴丹敏甚至认为，假如中国内陆能够通过各种现代交通网络与印度洋相衔连，那么将是如同当年苏伊士运河开通一样的重要事件。

也许现实最终证明书中的此般设想很荒唐，那倒无妨，因为试错本来就是一切实践的必然手段。至少，《中国与印

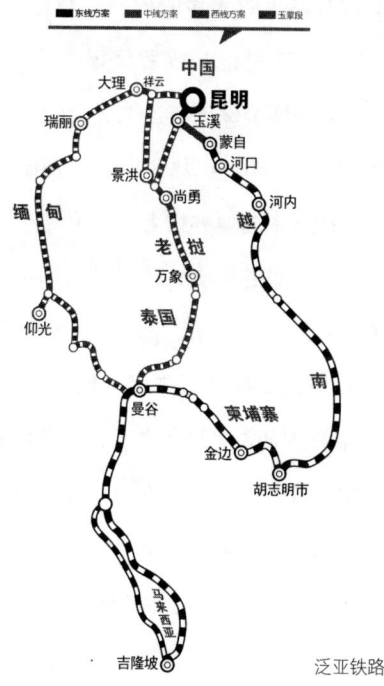

泛亚铁路规划图。

度相会之处》的一个基本观点很有启发性,"地理是时而改变的","人也能改变地理",世界图景并非一成不变,一旦政治、经济形势发生变易,旧的关系网便会消失,新的关系网则会生成,这可能使原本陌生的群体发生密切接触,一向无足轻重的地区跃升为战略敏感地,由此促成地图的重绘。

在作者看来,中国与印度的现代化进程就可能催生"亚洲的新地图",所谓中印"相遇"会使缅甸这个长期处于政治地理边缘角落、常被遗忘的国家跃居到世界格局的枢机位置。另一方面,吴丹敏也不无疑虑:"中国能否成为负责任的邻居,帮助(缅甸)结束数十年的内战,建造基础设施,投资经济,把缅甸带入21世纪?或者仅仅搞乾坤大挪移,拿走能到手的一切,无视环境保护与当地民众的利益?"

带着这样的想法,吴丹敏自2008年起分别游历中缅边境以及印缅边境,并在书中向西方读者一一介绍他所经各地的前世今生。无论缅甸自身的历史,还是其与印度、与英国殖民活动、与整个世界的复杂关系,都得到简明但生动的梳理。很多情况对于我来说真属闻所未闻,如1858年英国在镇压印度反抗殖民寻求独立的大起义之后,将莫卧尔王朝的最后一位皇帝扎法尔流放到仰光,他在一所小房内生活了四年,直到死去。这位末代君王的墓地如今已经成为一处苏菲派圣地,吸引着从印度、巴基斯坦、孟加拉前来的信徒。再如,美国总统胡佛在从政之前曾经来到缅甸,创建了自己的公司，并通过靠近中国边境的银矿发了财。因此即使就历史知识扫盲来说，该书也颇有助益。

由于是面向西方读者，吴丹敏花了很大笔墨介绍中国与缅甸之间的历史脉络，全书开篇第一段，即是讲述公元前122年汉武帝派遣探险团队试图寻找经云南通往印度的道路一事。此书把中国的漫长往事置于与东南亚、印度相交互的时空中审视，在我这样的读者，就仿佛忽然听到他人向不相干的人群谈论自己的家事，反而有种意外的新鲜感，不无启发之处。

倒是作者高度肯定今日中国成就的溢美之词简直好笑。在他笔下，北京的国际机场"巨大而高效"，林立的高楼"事事都经过规划，整齐有序"，其中"王府井，相当于北京的第五大道或邦德街"一句让我乐到捶桌，切实体会了"尽信书不如无书"的真理。然而，想一想吴丹敏所熟悉的缅甸的落后景象，便觉得作者的心情也可理解。

必须提的是，当他在中国游历期间，所接触到的中国人士都只把缅甸当作商贸对象，只考虑自身的发展，对于吴丹敏关切的问题并无兴趣。这位作者在与缅甸、印度的精英人士沟通时情况相近，尤其是缅甸知识分子，眼光仅仅盯向西方。《中国与印度相会之处》所抛出的自认为重大的命题，在涉及到的三国竟不能激发反响。

然而，这样一本书却在2011年于英语世界出版，显示出西方对亚洲的政经局势之敏感,一如书中所说,"虽然仰光还只专注于国内政治,世界上其他地方已经有人开始用另一种眼光打量缅甸了"。然而历史足堪鉴戒,早在19世纪下半叶,英国人征服印度并控制缅甸之后,便曾梦想修建穿越缅甸直到清朝边境的铁路,由此打开中国的广大市场。法国人也力图加入竞争,只是当时的工业技术尚无法克服险恶的自然条件,才迫使这一殖民梦失败。换句话说,关于缅甸,关于孟加拉湾,关于印度洋,西方人的眼光始终比我们长远,始终将其置于世界风云的整盘棋局中审视,昔日如是,今复如是。

无可否认,这本书中的思索乃是催生于今日西方世界的流行语境,正如作者在书中提到,当前欧美媒体热衷讨论"印度与中国的兴起",甚至渲染,英、俄19世纪在中亚发生过的"大争霸"(Great Game)将由中、印在印度洋重新上演,"亚洲最终成为多极还是单极将取决于发生在印度洋的进程"(该书引述《卫报》文章)。吴丹敏对这些喧嚣不仅不加怀疑,反而沾沾自喜于能够将对故国的热望混入到如此一团乱里。

因此,《中国与印度相会之处》的前提、立论以及涉及相关各地时的具体历史叙述,我们都可以谨慎待之。但是,这样一本书及其所持言论在西方世界的存在,却必须知晓。

人类智慧的恋人

在香港海港城叶一堂书店翻到一本英文传记《中国的恋人》[1]（*The Man Who Loved China*），一开卷就讲一个叫Joseph Needham的英国人在1943年历经险阻来到他一生热爱的中国。读了几页忽然明白，这是一本李约瑟传呀。

说来够窘，此前我一直不曾留意李约瑟的本名是Joseph Needham。该书的作者西蒙·温彻斯特（Simon Winchester）是撰写科学家传记的高手，《中国的恋人》是他荣登纽约时报畅销书榜的佳作之一。读来果然准确严谨又生动有趣，对我来说，最重要的是理解了李约瑟之所以能够出现的那个学术与思想的黄金氛围。

最让人敬服的事例之一，1948年，李约瑟向剑桥大学出版社送交了一份两页的提纲，阐述撰写《科学与文明在中国》（*Science and Civilization in China*，国内一般译成《中国

---

[1] *The Man Who Loved China*, Harper Perennial, New York, 2009.

科学技术史》)的设想,结果校方立刻认识到这一计划意义非常,遂免除他一切教学工作,让他从此在历史达数百年之古的学院办公室里潜心学术研究。同样感人的是,李约瑟"二战"期间曾经在中国与竺可桢短暂会面,谈到自己的想法,结果战后忽然收到竺可桢跨洋运来、无偿相赠的大批资料,包括一套《古今图书集成》。尽管李约瑟的强烈左翼立场在冷战环境惹出各种麻烦,但随着他的巨著一卷卷出版,西方学术界尤其是英国给予这位骄子以各种荣誉,认为"他的成果让他、他的学院、他的大学、他的国家以及一个开明的西方世界无限骄傲"。

不过,很可惜,西蒙·温彻斯特完全没有理解立传的对象,对李约瑟及其学术的介绍流于庸俗。他一味强调李约瑟之于中国似乎宿命式的迷恋,把这解释成他的人生与工作的出发点、内容与终点,好像李约瑟是个原教旨式的中国优越论的迷信者与鼓吹者,如此的亵渎令人难以容忍。

这本传记在尾章居然说当代中国的发展"很大程度上得力于""自认居于世界中心的不可动摇的信念"。本来作者爱咋认为是他的事,但全书终句竟是:"李约瑟对此不会感到惶恐,他甚至一点也不会觉得惊奇。"这是硬把李约瑟与西方人的一个顽固成见拉在一起,而这位曾被预测将会是现代伊拉斯谟的学者一生都在努力破除成见。如果他真的是个中了邪的脑残粉,又岂能蒙骗国际学术界。

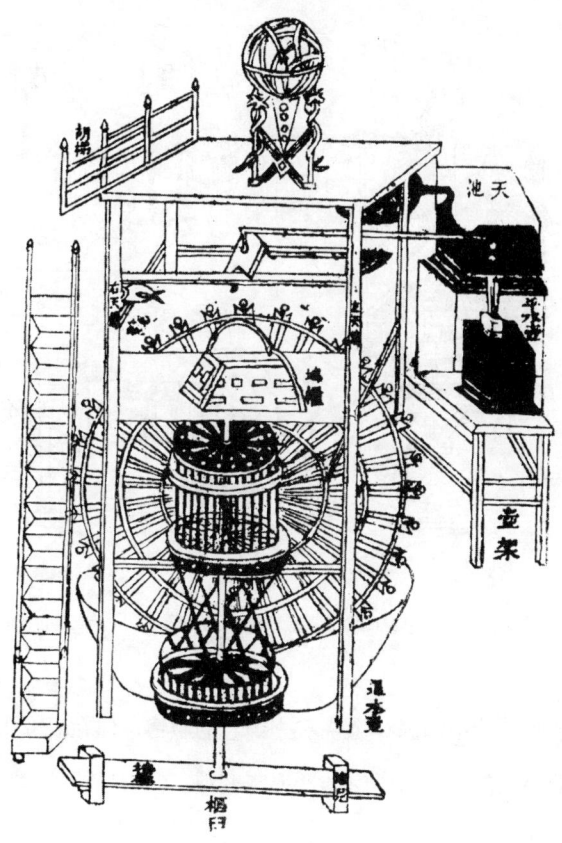

《科学与文明在中国》收录的《新仪象法要》中北宋水运仪象台图。

我曾经对水车、北宋苏颂建造的水运仪象台、元代皇宫中的"灯漏"深感兴趣,为此而翻阅《科学与文明在中国》的相关章节,结果立刻被一个辽阔恢宏却又精细严谨的科学世界震住。对于任何一项技术,书中都是将历史上诸大文明区连贯在一起探讨,典型如"时钟机构和各文化间的关系"

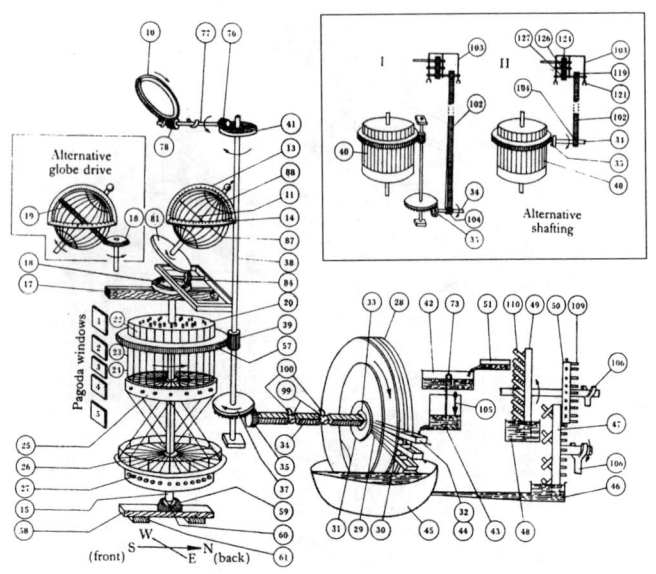

《科学与文明在中国》中重新绘制的水运仪象之水力驱动和传动装置的详图。

一节。不管中国怎样燃烧着李约瑟的激情,但在研究中,他与助手们都秉持科学家的严谨与客观,倾力描绘技术与观念的全面景观。

我认为,在西方文明的巅峰时刻,中国让李约瑟敏感地发觉,多种技术发明的历史、人类文明的历史远远超出欧洲人的既有认知。通过溯源古代中国,由此连带起其他文明,人类的智慧史的纵深度与广阔度被大大拉长——"咱人类厉害着呢!"由此产生的喜悦与兴奋结晶成他对中国的痴爱。在一个中国恋人的表象下,实际上活跃的是人类智慧的恋人。

看他书中关于一项技术的探讨在希腊、罗马、印度、拜占庭、阿拉伯、欧洲与中国、朝鲜等地之间纵横穿插,你能清晰听到一只夜莺因人类而动听地歌唱。

毫无疑问,今天我们中国人关于自己过去的研究,一如任何人对任何地区的研究,都必须在李约瑟的成就上展开。李约瑟的成果虽然惊人,但仍然只是开始,漫长的路正等着后来的勇者。

不过,这位巨匠还有一层教导意义。在大英帝国的光辉里,他却奋于让学术研究、让知识生产、让历史认识突破帝国的地理疆界、突破欧洲语言的疆界。对于我们来说,在观察传统现象时须突破民族国家的有形疆界与汉语文献的无形疆界,恐怕也是早晚要面对的关坎。

往昔的技术是那么美丽

首先必须清楚,科林·罗南(Colin A. Ronan)改写的《中华科学文明史》绝不约等于李约瑟的《中国科学技术史》。因此即使认真读了科林·罗南的缩写本,并且也大致上读懂了,那也不要自以为窥见了李约瑟像海洋一样的辽阔和深邃。

因为李约瑟的原著《中国科学技术史》规模巨大,作为这一恢宏作品的缩写本,《中华科学文明史》(*The Shorter Science & Civilisation in China*)[1] 一书是选择了其中最能触及近代欧洲科学技术敏感点的部分,以便西方读者易于共鸣,理解中国文明的发达,破除欧洲中心主义的成见。这一角度决定了罗南的取舍,李约瑟原著中关于中国炼丹术——早期化学或者采用时髦的构词方式称为"前化学"——的细致研究在缩写版中竟没有提及,便是一个很大的遗憾。另

---

[1]《中华科学文明史》,上海交通大学科学史系译,上海人民出版社2014年版。

外，缩写版为了集中展示中国古代的科学技术，略去了欧亚大陆其他文明的相关内容，把视野简约为"中国如何与欧洲如何"，这就非常危险地容易误导读者产生"中－西中心主义"的幻觉。李约瑟原著最感人之处，恰恰是以中国作为出发点，梳理欧亚大陆各个文化地区之间在漫长数千年当中科学与技术的交流，从而引导读者走出狭隘的个人经验，惊觉人类文明的繁华与美丽。

《中华科学文明史》的"中－西"两点的构思方式，尤其容易引发读者对于李约瑟的不公正的误会，以为他是个狭隘的中国文化优越论的鼓吹者。坦白说，能够真正理解李约瑟境界的人并不多。一位著名的英国科普作家西蒙·温切斯特在所著李约瑟传记《中国的恋人》中，就把这位伟大智者描述成中国中心主义的狂热信徒，是可忍，孰不可忍！其实，李约瑟了不起的地方，也是教导我们后人的地方，就是他置身欧洲文明的鼎盛时代，却通过对中国的发现，醒悟到人类文明发展史绝非西方一条单脉独传的过程。他走出了狭隘的西方中心主义，但并没有随之掉进中国中心主义，正是这种广阔的襟怀让《中国科学技术史》成为歌颂欧亚大陆文明历程的荷马史诗。

因此，理解李约瑟的最好办法，是先在科林·罗南缩写版中挑选自己最感兴趣的一章仔细阅读，然后再去读李约瑟原著当中同样内容的部分，通过对比来感受李约瑟所看到的知识世界那漫天群星一样的浩瀚,感受大英帝国在其最后的灿烂时刻所绽放的智慧之花是何等的绚丽与精致。

当然,我也并没有胆敢贬低科林·罗南《中华科学文明史》的心思。实际上,鉴于几乎没人能够通读李约瑟原著,罗南版便是引导我们通向古代科学史的一条上佳途径。我是从下册读起,《磁学和电学》、《航海技术》先就让我陶醉了,感觉到从来没有过的浸淫在知识世界内的快感。坦白说,作为一个中国教育体系中成长起来的文科生,我的智商真不够全部理解罗南的文字,但就是在半懂不懂之中,我忽然明白,从技术细节这一个侧面来认识历史进程,其诗意,其深刻,其宏广,丝毫不输于从政治斗争、从文学创作的侧面阐发的历史理解。书中提到的每一种技术,从席编的船帆,到钥匙里的弹簧,再到竹蜻蜓,都那么醉人,展示人尤其是中国古人的智慧是那么可畏的神奇,也让我第一次明白,今日生活中随便的一个实用物件——如曲柄摇把——都可能是中国古人孜孜发明的结果,是值得感激的前人的馈赠。

五四时代尽管高呼"赛小姐",但其实中国人对于文化的理解仍然是未庄水平的士大夫思维,仍然限于琴棋书画,妈妈们只知道带着孩子报钢琴班、舞蹈班。在这样的现实之下,把罗南《中华科学文明史》定为中学生必读物、中国家庭必读物,就是应该由国家推行的策略——来一轮新的知识扫盲,让当代中国人终于理解"文化世界"的正确概念,终于理解什么叫知识，什么叫文明，什么叫科学观念，什么叫科学研究。我们能够想象，以"推进"这样一个技术角度来观察中国古代船帆吗？五四开始的中国人观念现代化的进程，其实只是走完了一小半而已。

罗南著作涉及的古代科技太过浩瀚，读者乍一接触未免觉得枯燥。我个人的经验是，找到一个自己的兴趣点，直接去读书中的相关章节，这样便容易产生兴味。我当初是因为注意到汉语文献中对水车、宋代的水运仪象台、元宫灯漏的可惊记录，想到看一看大名鼎鼎的李约瑟的相关阐释，然后在这位英国学者的笔下看到了气象万千的古代知识与技术世界，并且意识到自己的见识竟是何等破碎鄙陋。也是借助对李约瑟著作的有限翻阅，我才真正明白中国传统文明在科学技术方面的先进和发达，如今，罗南的缩写版更引导我加深了这一认识。

好的读物不仅传递有价值的信息，而且推动人反省自己的既有观念。罗南著作对我来说很大的启发之一，就是意识到"先进与落后"的狭隘划分法如何框定了当代中国人的思维能力。比如说，在我这一代人的生活经验里，汽车代表先进和富裕，手推车意味着落后和贫穷。于是，谁还会去试图理解手推车呢？它只能唤起我们对中国落后的痛恨！但罗南却向我们展示，中国特有的独轮手推车在历史上曾经是多么先进的技术发明，居然为其他文明无法想象、也无法创造。

车轮舸图

中国古代利用脚踏推动的"轮船"。

更重要的是，这部著作引导读者明白，种种往昔时代的发明如何铺平了通向现代科学的一步步道路，比如竹蜻蜓对于飞机螺旋浆的启示，比如摇橹可能对于早期螺旋桨推进器的发明具诱发作用。所谓西方文明和现代科学的历史，根本不是那个古希腊文明如圣母一样受圣灵关顾然后就无孕受胎然后单脉绵延的神话故事。

当然，任何作者都受个人经验的局限。大约因为历史上欧洲人没有能力大量消费沉香、檀香一类高级香料（他们概念中的大宗香料是胡椒和桂皮），缺乏用香的经验，所以罗南居然认定"看来要使香篆燃烧得非常均匀是很困难的，也许从来就没有做到过"。可是中国文献中大量记载明确表示古代香篆对于时刻的指示非常准时，并且可以匀速慢燃一昼夜，宋代东京的大户人家和大店铺就靠这种时钟计时！然后罗南问："中国中古时代有没有沙漏？"既然有了香篆，谁还需要沙漏？

不过，这些小纰漏并不能影响罗南著作的水平。无论李约瑟还是罗南的研究，都展示了一个具有更高级思维能力和运算能力的人类大脑，这是西方现代文明所孕育出的人类现阶段最为智慧的大脑，努力向这样的大脑靠近，是每一个有自尊的人毕生的课业。

海明威的战友

霍布斯鲍姆在其《极端的年代》中这样评判上世纪30年代的西班牙内战："对我们这些年事已高，早已活过《圣经》为我们命定的七十寿数的时代生还者而言，这是唯一一件至今动机依然纯正、理由依然迫切的政治目标。当年如此，今日回顾依然如此。"

然而，在我这一代人的经验中，通过文艺，通过海明威、洛尔加、聂鲁达、奥登们的偶像化，那一场正义之战却日益变成了浪漫事件。形形色色的文艺作品中，国际志愿者慷慨奔赴西班牙捍卫民主与共和的义举，越来越像一群不靠谱文艺青年逃避现实、找寻自我的任性行为，仿佛与穷游世界也没什么区别。

倪慧如、邹宁远《当世界年轻的时候》[1]一书却展示了更为真切的事实：当年来自53个国家的四万多志士当中，

---

[1]《当世界年轻的时候》，广西师范大学出版社，2013年版。

不仅有欧美文化精英，也有工人、农民、海员、厨师，包括作为华工前往法国谋生、不识字的中国人刘景田，以及有着同样华工经历的张瑞书、阎家治。

倪慧如、邹宁远是由台湾到美国生活和工作的华人科学家，1988年，这一对夫妇偶然发现，昔日为民主西班牙而战的"国际纵队"里依稀似有中国人的身影，从此开始执着追索一段尘封的往事。多亏这两个有心人的坚持，如此值得我们骄傲的功业才得以重现在阳光之下：

当初，自愿奔赴西班牙参战的中国人竟然多达数十人甚至可能近百人，"临近西班牙纯洁的前额，沉默坚定，如黎明前的钟"，保卫"受围攻的自由"（聂鲁达《国际军团到马德里来了》）。

他们中的一些人如年轻的陈文饶一样，牺牲并长眠在美丽而陌生的土地。尽管这般无私的献身曾长久被同胞遗忘，但其实早已获得海明威至诚的礼赞："没有人比在西班牙阵亡的人还要光荣地入土，这些光荣入土的人士，已完成人类的不朽。"

几年前，我曾经在西班牙《世界报》上偶然读到一篇梦魇般的文章，说巴塞罗那市准备将一条大街逐段翻开，寻找洛尔加的尸骨，因为很多人相信这位诗人一直就被埋压在该街的街面之下。但也没有见到后续的报道，看来翻找并无结果。在西班牙人那里，佛朗哥及其独裁统治始终是处于清算过程中的黑暗噩梦。对此，今天的中国人当然很难感同身受，毕竟"那是一个陌生国家的战争"、"一个陌生国度的苦难"。《当世界年轻的时候》却告诉读者，所谓的"西班牙内战"并不是什么"兄弟阋于墙"的纷争，相反，乃是反动势力对民主制度的围剿，是德、意法西斯在西班牙土地上第一次展露其獠牙，因此是第二次世界大战的开场序幕。

尤其是，当西班牙在炮火中不屈抗争的同时，中国的抗日战争也全面爆发，相隔万里的两个战场，其实属于同一场战争，属于全人类范围内压迫与反抗压迫的同一场殊死大搏斗。因此，并不奇怪的是，白求恩等多位曾经在西班牙救死扶伤的医生随即赶赴中国，在抗战前线舍生忘死。这些洋医生来自不同国家，包括来自德国的犹太人，因为相同的经历，在当时被中国人赋予了一个特殊的统称——"西班牙医生"。我们自能感念这些医生对于中国的恩惠，那么又怎会不理解他们对西班牙人的意义？

让我感佩不已的是，2011年6月，书的作者之一邹宁远参与了"国际自由船队"的行动。"国际自由船队"是美国、西班牙、加拿大等二十余国的仁人志士组成的一支船队，试图冲破以色列对加沙巴勒斯坦人民的封锁，其中最高龄的一位成员是"二战"时进过纳粹集中营的八十六岁犹太老人。这一义举展开时，我曾通过一位西班牙议员的博客了解事情的进展,当时却没想到,还有华人同胞参与其中。

市侩也许会嘲笑这些努力都是无谓。但正如加缪就西班牙内战所发出的宏音:"除非全人类获得自由,否则没有人是自由的。这种民主才是唯一值得我们为它牺牲的民主。"

只要为人类自由的抗争存在,世界就永远年轻。

穿越到歌德的世界

只要与来自全国各地的同胞一起晒着太阳排队半小时，便可在国家博物馆里看到英国画家霍加斯的代表作品《浪子生涯》！成长在今天的几代人真是前所未有的幸运。须知就在仅仅 30 年前，对于中国美术爱好者来说，想要一睹欧洲大师的原作竟是那么难圆的梦。

一旦迈入"启蒙的艺术"的展厅，我便被这一展览的宏大规模惊到了。作为中国国家博物馆重新开馆后的第一个国际交流展，德国柏林国家博物馆、德累斯顿国家艺术收藏馆及巴伐利亚国家绘画收藏馆把各自的藏品运到这里，让 600 余件异域文物汇集一堂，展期竟长达一年——直到明年 3 月。

显然，德方希望通过这个展览引导中国观众全面地领悟启蒙时代的欧洲以及德国，或者说，领悟欧洲以及德国的启蒙时代。因此，展品不仅丰富，而且跨越多个领域，包括那个时代的科学仪器以及家具、服饰、私人物品等等。伏尔泰等人主编的百科全书的最早版本静陈在玻璃柜中，又岂可错过？这样一个意涵深长的展览若是在改革开放初期举办，那必是一件整个文化界奔走相告的轰动事件！

于我来说，展览上的最大惊喜便是意外邂逅霍加斯的版画组画《浪子生涯》。说来有趣，这套组画乃是以绘画的手法讲述了一个"富二代"吃喝嫖赌一败涂地的过程，两百年前英国名家的针砭时弊之作放在今日居然仍不嫌过时。随后还有戈雅的《随想曲》等著名黑暗系版画组画，与《浪子生涯》一样，都是任何一部欧洲绘画通史中必提的名作啊！

不过若是单凭个人感受而论，因为一向对于冷峻深邃的德国风景画心有独钟，所以弗里德里希的《雪中的石冢》、《易北河谷风光》尤其引我驻足。画旁的说明指出，这两幅作品实际承载着宗教的寓意，但是，即使忽略暗藏的寓意，那雪后荒冢的肃穆、那生长在岩旁的高杉的倔强挺拔直接就打动人心。

能让观众像我这样根据私人偏好各取所需，或许正是"启蒙的艺术"的成功之处。然而，其实这不是一个单纯以美为目标的艺术品陈列展。它的旨意在于展示"启蒙思想"，出现在展览中的绘画作品既绽放才艺的风华，同时也充当着文献的功能，向观众呈现18—19世纪的欧洲人对于知识、历史、世界、爱、自然、思想等领域的新体验。德方策展人直言，希望如此花费心血的大展能够获得中国知

弗里德里希雪中的石冢。

识分子的共鸣。必须珍惜的机会呀,德国人所勾画的关于"启蒙"的图景,五四之后的我们又怎能不认真对待?

家有儿女的父母们该带上孩子去展厅里转上一转,中小学校更应该组织学生集体前往参观,以扩展见识。例如其中以"爱与情感"为主题的展区介绍启蒙时代如何出现了关于童年、家庭、父母之爱的崭新观念,出现了关于友谊的崭新观念,即使对成人来说,也直接构成启示的意义。

拉斐尔的容颜之谜

拉斐尔举世著名的自画像,真的是在忠实描绘他自己的容颜吗?

于国家博物馆"佛罗伦萨与文艺复兴"展厅中,立在这幅永远清新的名作之前,我的心里忽然咯噔一下升起了疑问。

意大利文艺复兴在中国真是有着无比的魅力,"佛罗伦萨与文艺复兴"尽管在规模上远不比一年前的"启蒙的艺术"大展,但详介德国启蒙运动的展览再策划认真、内容丰厚,也不能如此际这般,让观众排队等待进入展厅的长龙打两三个弯。然而,对于文艺复兴迷来说,这次展览的展品数量与水平其实难称解渴。幸而,有拉斐尔的《自画像》作为镇展之宝,令人狂喜于身在中国竟而能与其面面相对。

奇怪,尽管从小就屡屡的在书中与之碰脸遭遇,几年前也曾到佛罗伦萨一心虔诚地朝拜真迹,却在今天,我第一次意识到,拉斐尔在自画像中可能并非以写实的态度表现自己。他,他的鼻子——太小,太秀气了!那断乎不是一个意

拉斐尔《自画像》。

大利人真实该有的鼻子,连带着使得整张面容都很奇异,显示出一种中国仕女画中女性人物式的幽淑神气。

须知,此幅作品之外,画家还在梵蒂冈"拉斐尔画室"内所绘《在保尔塞纳的弥撒》中插入了自己的形象,而壁画中的这一形象与《自画像》竟形成鲜明对证。壁画里,化身为"亲卫队"一员的拉斐尔直视向画前的观众，五官看去更有意大利人特征。两幅作品中的两个"拉斐尔"面容大致相像，却又似是而非，判然如同二人。由这一线索进一步观察，就可发现，拉斐尔笔下的圣母、耶稣乃至神话人物基本上都是一副特制的秀气面容，鼻形小巧，嘴与眼也很娟秀，与他大多数写生肖像中同时代意大利人的实际面貌颇有距离。当然，即使在他的肖像画中，也同样存在"理想化"与"写实"两种路数的微妙差别。如据传为《西斯廷圣母》原型模型的《披纱巾的女子》，就显得是按照某种既定的"标准美"的面容的模式，将真人的相貌加以巧妙改变，或曰"提升"，从而形成一种格外莹润的美感。

如果画家在描绘理想的自己、理想的他人时，是按照他心目中某种既定的"标准"描画，那么，就让人好奇了：这一不符合意大利人自身真实特点的"标准美"的面容，又是从何而来？国际上一些艺术史家已经注意到，在所谓欧洲中世纪的书籍细密画插图与同时代伊斯兰世界的细密画之间，存在着某种平行性或相似性，两个领域之间有着活跃的交流与影响。实际上，观察文艺复兴绘画，也非常容易感受到，一些作品与伊斯兰绘画惊人趋同。在伊斯兰细密画中，恰恰曾经存在一条奇异的原则：美丽的面容不是按照西亚人的五官描绘，却是以中国人的面容为标准，即以细长眼、小鼻、小口为美。拉斐尔是否正是接受了伊斯兰细密画中建立的美

拉斐尔于《在保尔塞纳的弥撒》中描绘的自我形象。

貌标准,于是才会赋予自己一个非意大利人的鼻子乃至非意大利人的面相?换句话说,拉斐尔是在不知情的情况下,因为接受邻近文化的标准,而辗转地按照遥远的中国人的五官特点"美化"自己?乃至美化他的肖像主顾、圣母、耶稣以及希腊古神?

这或许是一个过于鲁莽的假设,有待大量的研究工作进行论证支持。然而,拉斐尔何以画肖像时会按照非意大利人的面相特征美化自己,这恐怕是个必须研究的谜。该留神的是,将意大利文艺复兴当作一个封闭系统,当作一个自我生长的文化奇迹、一个圣母童女受孕式的神迹故事来讲述,是几个世纪以来欧洲人所建立起的主流叙述,大多数人至今信之不疑,五四以来,我们中国人也毫不犹豫地全盘接受了这一说法。但是，近年来，有识之士已经开始探讨这一场所谓的"文艺复兴"与意大利当时远为强大、先进与富庶的紧邻——伊斯兰文明的关系。一个最简单的问题就是，何以在拜占庭帝国存在之时，意大利就不发生文艺复兴？奥斯曼土耳其一旦建立，马上意大利就文艺复兴了？好吧当然主流说法会反驳说这个"复兴"早在13世纪甚至更早就开始发生了！就算这种说法成立，那么文艺复兴不是恰恰与伊斯兰文明的繁荣同步？

欧洲人把意大利的文化繁荣世纪说成文艺复兴，说成是直接重新接上古希腊、古罗马文明的传统，用各种方法把伊斯兰文明的深刻影响予以抹杀。但是，这一假象正在被逐渐戳破，于此之际，我们中国人应该有更为敏感的知觉，有更为广阔的视野，突破以往欧洲人自欺欺人的神话，把意大利文艺复兴放入当时世界的整个政治、经济、文化、艺术的动态图景中审视，由此，而与全人类一起，建立起更为通透的历史认知。

以瓷为鉴观兴亡

当我们这一辈人头一次听说世上有个维多利亚与艾伯特博物馆（Victoria and Albert Museum）的时候，再也想不到，仅仅过了二三十年，自己步入中年之际，中国的年轻网友们就会用轻松的口吻并无恶意地标签不列颠民族的性格为"蠢萌"。在新世纪的中国眼里，英国居然是个可爱的、有点天真有点傻的"萌物"。

无论如何，大英博物馆、维多利亚与艾伯特博物馆的藏品来华，在中国国家博物馆举办"瓷之韵——大英博物馆、英国国立维多利亚与艾伯特博物馆藏瓷器精品展"，这一盛事于感叹与赞美之外，尚值得多层次地、深入地观赏与解读。展览从一个侧面——瓷器——曝光了中国与世界的关系、英国与世界的关系，也曝光了在整个世界的动态时空中英国如何最终得以抵达中华文明圈。观众很容易为展厅里温润如玉的明代龙泉青瓷大盘、粉嫩风骚的乾隆粉彩瓶打动，但要真正读懂这个展览，却需要一点史事方面的知识，

大英博物馆藏宋代青白瓷酒注。

历史初级读物里读不到的知识——但其实却是商业史、贸易史、科技史换言之文明史的常识。

首先需要明确的是,历史上,瓷器制造长期是中国独家技术专享的行业,世界其他地方都无法掌握同样的制瓷技能,只能用烧陶工艺来模仿中国瓷品。欧洲直到18世纪才烧出近似中国瓷器的所谓"软质瓷",说实话所谓"软质瓷"是个自欺欺人的概念,不打自招地表明其远低于中国瓷的基本技术指标。因此,瓷器便长期都是一种"奢侈品",从唐代开始,对于世界各地富人来说,一只优质的中国瓷盘便大致相当于今天的保时捷跑车。所以,不妨把景德镇理解成一个长达五六个世纪的"保时捷生产基地"。

有趣的是,"瓷之韵"以宋、辽佳品为起点,也许那之前的辉煌对于不列颠来说太遥远,太不可企及。不过,这个展览仍然非常成功地介绍了中国瓷器之于世界历史的意义,在大众普及的程度中显露出英国学术之于瓷器研究的高水准,引导我们中国人学会把自家东西置诸全球景观中加以领悟。展出的元青花鱼藻纹大盘、明龙泉窑青瓷大盘特别让人感慨,自宋代直到明代伊斯兰世界对于中国制瓷的刺激意义,是我们最近刚刚开始回想起来的史实。实际上,把青花瓷认作中国的"民族特色"基本是一种误解,若不是伊斯兰世界对于白底蓝花的瓷器有种超常的喜欢,很难说这一瓷种是否会在元代蓬勃发展起来。另外,伊斯兰世界喜欢体积庞大的瓷器,如此需求无疑催动景德镇工匠努力改进烧制技术,从而满足遥远但却富足且稳定的西亚市场的品位。

展览上出现的一件意大利佛罗伦萨"美第奇青花盘"意味深长,因为这件制品触及欧洲最初通过伊斯兰世界的中介见识到中国瓷器的史事,也是欧洲人模仿青花瓷的首度尝试。一如展览说明所言,"这些大宗商品(即中国瓷器)引发了全球范围的仿制风潮,形成了以瓷器装饰住宅的时尚。"然而须清楚的是,对于中国青花瓷以及其他瓷种的第一波仿制风潮出现在伊斯兰世界,余波广泛而深远,至今环地中海沿岸从土耳其一直到葡萄牙的宫殿与大宅里每每可见的青花釉砖墙便是明证。

随着美洲白银的发现,欧洲终于获得了进入已然热闹千年的环印度洋贸易圈的资本,也终于得以通过东印度公司一类机构直接进口中国瓷器。来自英伦的藏品让我们看到似乎不可思议的奇迹,由于欧洲贵族与富人逐渐形成直接来中国下订单的风气,英国名画家霍加斯的讽刺画也会复制在中国外销瓷碗上。随之,则是又一波仿制中国瓷器的风潮,只是这一轮发生在欧亚大陆西陲的欧罗巴之地。展览上荷兰代尔夫特、德国梅森、英国伍斯特等地的陶器或软质瓷生动地展示了被仿对象与仿品之间微妙而活泼的联系。更应进一步注意到的是,历史上各个地区诸多国家先后仿制中国瓷,结果是竞相引发技术革新,引发化学、物理乃至矿物学(寻找适合烧瓷的矿物原料)等领域的推进,这已是有识之士涉猎的课题。

维多利亚与艾伯特博物馆本身乃是19世纪奋发图强的英国的最佳见证。在工业力量突飞猛进的情况下,英国精英阶层意识到工业设计以及与之联动的技术举足轻重,于是有意识地进行全世界各地工艺制品的收集,一方面提高国人的见识,一方面为设计界与实业界提供灵感的源泉。正是这一番努力成就了维多利亚与艾伯特博物馆蔚为大观的、几乎涵盖世界各文明的收藏规模。其中小小一部分藏品来到国博,便足以彻底改变一个中国人对于中国瓷器的认知,这个小例子正可证明英国人的眼光、见识与襟怀。

然而这些藏品同时还让人心生另一层感慨。历史上一个个大帝国来了又去,以维多利亚女王与艾伯特亲王统治时期为巅峰的大英帝国则是最近的一个。这个帝国昙花一现般的旋起旋灭惹全然的旁观者也不禁轻叹,然而,感叹之外,还该引出反思,引出对于历史的进一步观照。

以凯文·斯派西之名

朋友才一开口通报"凯文·斯派西（Kevin Spacey）来了"，我便立刻欢呼"同去同去！"想来，为《理查三世》奔赴国家大剧院、把剧场填成满座的热情观众中不乏如我者。十多年来通过盗版碟追看凯文·斯派西的影迷终于作为合法观众一睹偶像真身，凯文·斯派西则借助盗版碟所建立起的人气成了票房保证，这一奇特的双赢局面证明世事果然难料哇。

《美国丽人》的主演无疑在舞台上就像在摄影机前一样敬业，然而，好莱坞明星无论多么认真努力，要对付舞台、对付莎剧，还是缺乏专业的功力与修养的底蕴。电影导演萨姆·门德斯一样不堪此任，以至于这戏越看越像一台中国话剧，到最后扮演斯丹莱的演员居然声嘶力竭地大喊大叫，这不是咱国演员十多年前用来表达激情的招数嘛！我怀揣的那一颗热爱西方戏剧的小心灵算是凉到了冰点。

其实，本人那么雀跃，并非仅仅因为奥斯卡影帝的来临,更因为对《理查三世》这部名剧的珍爱。莎士比亚的"英王系列"属于颇为奇特的一组作品,是编给大众看的历史演义故事,却能从每一位国王的事迹中发掘出独特的意涵,各部戏的气质与风格也熠熠生辉,彼此相异。《理查三世》恰恰是让我印象最为深刻的一部,读剧本只觉得像是徜徉于哥特大教堂的深处,与满壁笼罩在阴影里的沉重形象相伴。它们拥挤得难以辨清,成行成列地直坠向地狱,这些污浊的灵魂啊,在落入万劫不复的深渊之际偶尔也徒劳地扬首,想要仰望一眼天堂,但盲视的眼却看不到一线圣光。

也许,这种以史事为原型的大戏就该从容地演上一天。利用一个周末的晚上,在三个小时内把一个阴谋家的篡位过程演示一遍,必然仓促与粗疏。不过,没有各个层面的节奏、没有舞台空间的运用、没有精神的深度等各种"没有",并不因此就可以开脱。

像一切优秀剧作一样,《理查三世》暗藏着多种方向的理解路径,考验后世创作者的悟性。在西方的语境里,这个戏的一个核爆式威胁其实是彻底颠覆基督教信仰,因为戏中让恶人最终垮台的动力不是"上帝的公正与仁慈",而是厉鬼们的怨恨,是血仇让失势者的诅咒积蓄起杀人的能量。换在今天,当然可以把这一主题转成理性化的怀疑,继续追问善在世间是否存在?

不过,这一鬼魅横行的景象之下尚藏有更深一层的主题。情节的推进一边貌似在宣扬迷信，一边却是同时通过各个角色的具体行为坚决否定了迷信，让观众清楚地看到：鬼魂作祟、怨咒成真，只是戏中人们对厄运降临的荒谬解释，是他们"鬼由心生"。之所以满台血腥，贵族们一个个丧命，乃是因为活着的人竞相以罪孽堆叠罪孽，促使形势不断趋向最坏状态，亦即"自作孽，不可活"。但是，导演门德斯居然停留于剧情所呈现的最肤浅表象，在舞台上大力渲染诅咒、鬼魂的恐怖，仿佛他真的认为是这些东西决定了当事者的命运。由此观之，这个创作班子仅仅读懂了剧本的字面意思而已。

凯文·斯派西以及他的伙伴们的另一个根本错误，是以为理查三世以及其他剧中角色真的有良心和良知。不，这些人只是自以为有良心，自以为清醒。不知是因为神毫无怜悯，还是因为根本没有神，反正他们天生就不曾配备产生良知与良心的能力，这才是此群生物最大的悲剧！整出戏看不到一丝清明的光，无论贵贱，都承受着双重的不幸——智力上的愚蠢与精神上的愚昧。剧情不厌其烦地展示每一位贵族被处死之前的忏悔与祈祷，却是揭示他们即使在终于虔诚呼喊上帝、在最为真诚地想要觉悟与仁善的一刻，也还是猪油蒙了心，什么都没明白。角色们无论在行奸诈之计暗自得意雀跃的时候，还是在短暂的悔悟与反省的片刻，都是一样的愚昧，才是《理查三世》最闪光的魅力，也是最让人绝望的黑暗内涵。

斯派西与门德斯甚至没有交代清楚理查三世心理上的转变。开场时的理查并没有僭位称王的野心，只是出于嫉恨想要迫害别人。不料时局对他过于有利，宫廷里全是些没有大局也不识个人利害的无常小人，忙于互相倾轧，让这个畸形人的阴谋如轻车快马般载着他驰向王座，于是理查的目标连同他的自我期许便扶摇上了青云。

戏中的理查三世永远在自作聪明，但其实每一步都不清楚自己在干什么，甚至恶念初起也只是因为糊涂，这就使得他所制造的一场空前血腥除了恐怖与丑恶之外，在任何层面上都没有丝毫意义。然而凯文·斯派西竟以为他所扮演的人物有着理智清醒的灵魂，绝对领悟自己恶行的性质，于是一个狡诈蠢人的张牙舞爪就变成了小丑的耍宝。其他角色基本上是同样的失误。

结果是传说中的经典在某些时刻仿佛不过一出肤浅的时事讽刺剧。比如爱德华四世强令群臣彼此和解的一幕，就让观众不由自主地想到最近欧洲债务危机中出现的各方角色。虽然几个世纪过去，但似乎人并没有进步太多。

同人写作众乐乐

"安"的世界。头阵是"安"的第一把手术刀的自述，这位平凡中年法医周遭的人与物轮番步出沉默，悄吐心中秘密。咳，这倒不是啥前卫作品，只是一位年轻的中文网友快活推出的半真情半戏谑之作。

至于"安"，则是该作者别出心裁加给安德森的爱称。就是电视剧《神探夏洛克》中的那个倒霉法医，被恶讯为"拉低了整条街平均智商"的滑稽小角色。当然，如果不是这部热门剧的深度粉丝，或者只看过剧情却不清楚网上相关的"同人小说"，就无法领会作者的用心。然而如我者却一见题目就会意地嗤嗤笑了出来，觉得好玩得不得了。我这人隔一段时间就会卷进一种莫名其妙的无聊消遣，最近自己也弄不清真假地成了"三集片"《神探夏洛克》的粉丝。本性贼不走空，所以趁便抄手围观了一下众乐乐的"同人创作"。

"同人创作"对应的是英文词"fan fiction"，也可以翻成"粉丝创作"。据说此词诞生在上世纪 70 年代，《星际迷航》的女性剧迷们首开风气，利用剧中两个主要角色自行编写故事，互相娱乐。其实很难较真这种创作最早的起点，中国网友里不是有个笑话嘛："四大名著里三部都是同人，就一部原创还坑了（没写完）。"不过，与"唐三千、宋八百，数不尽的三列国"不同的是，当代的 fan fiction——同人创作是一种网络现象。

据《华尔街日报》2012年6月14日文章《同人创作的离奇世界》(The Weird World of Fan Fiction)，当前规模最大的一家同人网坛上张贴了几百万个虚构作品，从《圣经》、莎士比亚到热门影剧、卡通片、电子游戏都各设坛口，由跨越国界、跨越语言的粉丝群啸聚。同人创作不仅指小说，还包括漫画、动漫、歌曲、视频等等。任何人，只要找一家相关论坛注册，遵守最基本的网络社交规则，便可以上传自己的作品。关键点在于这些东西都是免费供网众观赏，作者并非从中获利，由此就逃脱了版权的剿杀。

一旦绕过了版权出于商业利益的计较，所谓"原创"的讨厌的现代概念也就蒸发，混在同人论坛，简直使人幻觉是与伙伴们、与过路人一起重新围坐在本已熄灭于遥远年代里的火堆前。甚至孩子临睡前要求妈妈爸爸编故事的撒娇在这里也横行无阻，不善长写作的网友可以坦然地提出"我想看一个大致什么情节的故事"，然后往往真的有写手按照这个要求来写成长文给大家看。另外，也有人想出了挺有趣的线索，写到一半却写不下去而放弃了，这时一位追文的粉丝也许会欢快地站出来，利用这个现成的构思重起炉灶，搞出一篇属于他名下的作品。

可以有"娱乐共同体"这个说法吗？同人创作算不算是把作品从封闭中打开，剥夺少数人对于想象的专制与垄断？反正"夏洛克同人"简直把原剧开掘成了"无尽藏"。BBC利用福尔摩斯故事翻拍的电视剧集《神探夏洛克》是个玲珑小品，在编剧方面简练得极聪明，有名有姓的角色一共也没有几个，结果这些角色个个都被粉丝们演绎出了在剧中本不曾享有的人生，获得了多种版本的性情、品格与过往经历。从剧中情节出发的再创作更是细化到每一个场景、每一句台词，例如"三集片"（中文粉丝对于这部一共只有两季、每季只有三集的热剧的戏称）第一季结尾时的情节是华生身上被绑满炸药，与夏洛克一起同莫里亚蒂对峙，有人就在论坛里专门建立一个小组，只贴由这个时刻为起点开始叙事的同人作品。

这种群众性的集体创作对于原作洞察敏锐，能够挖掘出"官方"（同人爱好者赋予原创方的称呼）创作者都没有意识到的作品内涵的潜质。一个有趣的例子便是所谓"麦雷"配对。"三集片"添加了夏洛克他哥麦克罗夫特（昵称"麦哥"）的戏份，把他塑造为英国秘密情报部门头子，同时，原本柯南·道尔笔下形象猥琐的苏格兰场警督雷斯垂德（习称"探长")则找了风神爽秀的鲁珀特·格雷夫斯（Rupert Graves）扮演。第一季中，这两个人物分别行驶在各自的轨道上，毫无交集。但洋姐粉丝们非觉得让这两个人物发生碰撞会有意思，于是竞相以他俩为主人公撰写同人文。据说电视剧的制作班子都被惊动了，最终从善如流，让探长在第二季第二集中对夏洛克说出了一句："我也不是什么都听你哥的！"引发女粉丝在网上一片狂喜的欢呼。

抛开"腐女"们的恶趣味不论，一个是隐在暗影里的冷酷特工头子，只在乎政治棋局的输赢，一个是负责侦破犯罪的刚直警察，执着于法律的正义，确实是理想的对手配置，完全可以开创一个双男主人公的钱德勒式"硬汉"系列故事。只消把二人的名字换了，便足以抹去原剧的痕迹。可惜现在是个"小言"的时代。

在虚拟社区，掌握英语的中国同人粉丝可以与异域的道上朋友同步。即使不懂英语，也可以借助那些热心网友的翻译。这就催生出我那一辈从来不敢梦想的奇观：一些汉语写手用母语编撰英国人的故事，包括夏洛克和华生的故事、麦哥和探长的故事，乃至安德森的故事。采取的策略也是五花八门，其中真有"考据派"，很认真地查找关于英国社会各方面的资料，力求下笔准确。其中可以称奇的一篇是《源流帝国》，竟然气势磅礴地以麦哥为大英帝国的神秘不死化身，叹息一个帝国的兴起与没落。这些作者直接浸淫在英语同人作品的环境里,不用费力就接触到诸多西方通俗文学的成熟经验,他们的读者也是一样。于是,用汉语写作的"夏洛克同人"往往颇善于讲故事、编情节,语言则带有一种特别的腔调。

同人文写手往往极其年轻。一次,我看到一篇故事的半中间,忽然蹦出作者的警告:"坏消息!因为明年我要高考,母上决定今后一年不许我上网!好消息!因此我会尽快完结此文的!"真是被吓了一跳。类似的经历每每让我忖度,同人文写作最终对于汉语文学的景观将带来何等的影响,冲击?补充?抑或进阶?

未可忽视的留学潮

一代人有一代人的命运。每次于网络上撞见留学海外的中国女孩们各种"追星"的兴高采烈,便不禁涌起如此的感慨。

第一次注意到留学生追星的热情,是撞见一群正在英国读书的姑娘通过微博互相招呼:电视剧《神探夏洛克》的剧组人员在伦敦组织一次慈善活动,规模并不大,但要预先购票,收入将全部捐给慈善团体,希望有兴趣者一同"组队"前往。结果活动那天一共有15个中国女孩到场,来自英伦不同城市的不同大学!剧组的演员们忽然被一群东亚面孔的女孩团团围住要签名,那一刻会恍惚觉得眼花了吧!

此后我便发现,无论在英国还是美国,影视戏剧方面一有大的动静,往往就会有中国"妹子"呼朋引类地赶往现场围观并于微博上实时直播。上世纪80年代,日本女孩追捧欧美明星的狂热与投入惊动了世界,我们那一代当时处在改革开放初步启动的环境中,遇到关于日本女粉丝的报道,只觉得既不可思议又遥不可及。然而，如今，中国女孩竟呈现接棒之势啊。

我忍不住好奇，有时会与这样的年轻人在网上交流。在接触到的女孩当中，并没有人主修戏剧影视，相反却是学什么专业的都有。她们的家庭则分布在从四川到东北的中小城市，显示留学绝非北上广等大城市居民的专利。此般情况恰像整体镜像的一个碎片，反映出今日青少年"出洋深造"的规模实为历史上前所未有。于是，在这样一批人身上，中国与西方文化的关系改变了，他们不再如我们那样对于欧美世界似懂不懂地隔空膜拜，相反，却快乐自然地游走其中，享受它的好，也切身体验它的问题，它变得可以亲狎甚至可以亵玩。这几年，有着如此经历的留学生已源源归国，并且将持续不断归来，实为当代国情不能忽视的一个层面。

然而，这一新鲜现象似乎没有引起足够的注意。大概不约而同的反应会是：这不是中国的主流，我们这个社会主要的问题是还有很多处于贫困线的底层人，还有那么多民工，还有那么多失学的孩子……这些情况才是主流，是关键。可是，影响一个社会的肯定是多种多样的因素，谁又能说唯有"主流"才有意义？

又或者，有人喜欢以先入为主的负面态度看待这些因为家境富裕而得以出国学习的孩子。比如会说，啧啧，花着父母的辛苦钱，却用来追星！我曾在微博上开过类似的玩笑，结果引来陌生女孩的愤怒驳斥:我是靠打工挣来的钱支付这类活动的开销!另外,关键在于,留学生粉丝大多不只是崇拜明星个人,而是对欧美影视戏剧拥有热情。对我们——至少对我个人——来说,"伦敦西区"的戏剧表演一直是个令人神往的传说,但如今却在网络上随时读到留学生汇报在那里看戏后的观感。与洗盘子送外卖含辛茹苦挣扎求生的前辈不同,当代留学生的经济能力让他们能够享受欧美文化的成果,对于西方文明必然具有更深的领悟。上世纪70年代以后,日、韩两国以及台湾地区都出现过留学潮,就文化领域而言,明显的结果便是这三地的艺术与设计领域水平飞升,既得欧美风的神髓,又能盘活民族传统。没有理由怀疑,同样的提升将很快就在我们这里发生。

相当数量的青少年获得了出国深造的机会,对此不能加以轻视,因为他们不仅"西化"程度非常之高,而且对于世界的感受与前辈、与没有留洋经验的同辈都不一样,相应的,对于自己国家的认知也会出于我们的意外。据说最近有一本书《大目标》在年轻人当中颇有热度,至少有一点值得注意,该书的作者之一虽然没有留学经验,却由于经商而频繁出国,多次途径迪拜或在那里停留,显然如此的亲历影响到这位作者眼中的世界景观,于是颇多观点显得新鲜——甚至怪异。

从现在起,会有相当一批因为留学而人生经历与我们迥异的年轻人陆续进入各行各业,他们看到的全球图景与我们不同,所抱的观点也就因此而可能与我们分歧。他们所带来的新鲜感受会引发什么样的效应,目前还不可知,不过我们必须在心理上有所准备,只有这样,才可能与新一代、更新一代、更更新一代……进行有效的沟通。

电视剧的衍生生意

报刊上大谈打造文化工业、创意产业,也有二三年了。西方文化工业可是有项本领,那就是围绕一部成功的影视作品开发出各种层次的周边衍生品。电视系列剧《神探夏洛克》制作方刚刚推出的《夏洛克案情记》(*Sherlock The Casebook*)就让人领略到英国人在这一领域精耕细作的功力。

《神探夏洛克》是把老经典"福尔摩斯探案故事"加以翻新的成果,剧中的神探与其助手华生都变身当代都市青年,破案时手机电脑齐上阵,顿时赢得全球年轻观众的欢心。这个热门系列剧一共其实只有两季六集,第三季尚在拍摄当中。趁着无新戏可看的空当,制作方却精明地推出一册《案情记》,等于为伸脖子等得不耐烦的粉丝们提供了遣闷的玩具。《案情记》把六集中的六个案子用图文形式重新发挥一遍,放入各种乱真的新闻报道、现场照片甚至验尸简报等等,由此添加很多荧屏上没有的细节。最吸引粉丝的是每页上都有夏洛克、华生等人物吐露心声的"小贴纸",模拟他们各自的口气留言,把剧中人物的个性乃至他们之间的幽默斗嘴延伸到纸面上。案卷后面则是拍摄花絮、创作人员谈心得,并且将柯南·道尔原著与历次翻拍版本加以介绍和对比,虽然样式上力求活泼有趣,但内容编辑却很认真,一点不拿粉丝当傻瓜。书一推出便引发中国粉丝热心网购,仅这一点就足证制作方策略上的成功。

诚然影视作品衍生开发在西方由来已久,高度成熟。说及这个话题,我们会想到《星球大战》《E.T》《哈利·波特》《魔戒》等超级成功作品相伴生的各种画报、玩具、游戏,但却不大注意到人家在产品设计上所进行的更新、更大胆的尝试。一个例子就是,前几年《丑女贝蒂》大火,中国也有电视台引进版权加以翻拍。西班牙同样拍出了根据自己国情编排的版本,在播放的同时,制作方就推出官方网页,让演员们与观众随时互动,由此在整个西班牙语世界形成一大批忠实粉丝。该剧的故事发生在一家时尚杂志社,制作方在粉丝众多的情况下,便把剧中虚构的那份杂志加以实体化,形成一本与该剧挂钩的时尚杂志。每期杂志的封面就出现在电视剧中的场景里,杂志内容也与剧情的曲折起伏形成微妙呼应,以此形成独特的竞争优势,打造以粉丝为核心的读者群。

堪可称奇的是,类似的开发活动其实在国内也非常活跃,但却是由偶像明星们的粉丝组织自行运作。据说这类活动的规模与利益非可小觑,但是隐没于灰色,没有纳入正式的商业贸易体系。国际上的东西一到中国就会发现奇特的扭曲,居然在影视衍生品一项上也没有例外。

卡塔尔的宫斗剧

我这人口味诡异且多变,最近居然喜欢隔三岔五上伊朗法尔斯通讯社的英文网页看热闹,估计就属于难有共鸣的小众情趣。

这家官方通讯社的网页上当然大多是从该国立场出发的时事新闻,不过也设有传统文化、美食等栏目,都颇有意思。甚至新闻报道亦不乏意外有趣的内容,2013年10月20日的头条消息之一就说,卡塔尔现埃米尔(即国君)在与其亲生父亲、前埃米尔的剧烈争吵中,因为激动难抑,竟然拔出手枪对空连开数枪,算是对当爹的警告。阿拉伯"白袍哥"还真是性格剽悍耶。

若不是读到这则报道,我还真没有注意,就在今年早些时候,当时的卡塔尔王储、33岁的谢赫·塔米姆("谢赫"实为"大公"之意)发动了一场政变,将他的父亲、时任埃米尔、61岁的谢赫·哈马德监禁起来。随后,在国际政界以及王族成员的斡旋之下,上演了一出"和平传位"的大戏,

6月，谢赫·哈马德在电视上亲自发表让位讲话。巧合的是谢赫·塔米姆排行第四，也是一位"四阿哥"或说"四爷"，所以谢赫·哈马德乃是"传位于四子"。

退位后的谢赫·哈马德重获自由，不过，王室内部的矛盾并未就此解决。10月17日，王宫护卫听到这对父子之间爆发长时间的争吵，还突然传出数声枪响。护卫们急忙冲入两任埃米尔所在的房间，发现是现埃米尔谢赫·塔米姆因为焦躁而失去自制，朝天鸣枪数声！随即，他下令护卫们将父亲再度加以软禁。

那么，是什么原因引发父子之间冲突激烈到这个地步？报道说，起因在于谢赫·塔米姆的生母、莫扎王妃多次奢侈无度的出国旅行。这位著名美人在以色列特拉维夫郊区拥有葡萄酒庄，最近一次前往特拉维夫的豪华旅行不仅有夫君相伴，还带上了首相与前外交部长，正是这次旅行成了父子面对面争吵的直接导火索。

当晚我在微博和聊天群里分享这个消息，女友们都"喜大普奔"：呀，发生在现实当中的真人宫斗剧呀，还是现在进行时态的！随即有人网搜到莫扎王妃的资料，原来她是谢赫·哈马德的第二任妻子，曾经位列《福布斯》评选的"全球最有权力的百名女性"之中。在国际时尚圈，这位阿拉伯王妃风头尤劲，她在生了五男三女（比传统中国理想的"五男二女"还超标了一个女儿！）之后依然苗条动人，是迪奥、夏奈尔等大牌的"高级定制"时装的重要主顾，最厉害的是，她能将这些定制名品加以重新搭配，创设出一种高调奢华但无违传统的个人化着装样式。这下"小伙伴"们更激动了，"宫斗"的原因竟然是一位名满国际的美人，是约旦的拉妮娅、摩洛哥的拉拉－萨尔玛、叙利亚的阿斯玛的前辈！

说来，法尔斯通讯社的这则报道颇为客观，只是简洁叙述事件的经过，没有任何引申与评论。其实，莫扎王妃"出国旅行过多"、"旅行开销巨大"恐怕只是表面原因。卡塔尔王室内部矛盾激烈并且一再地浮上表面，乃是北非之春的连锁反应之一。谢赫·哈马德在位时力援利比亚、埃及、叙利亚等国的反对派，未料却导致自己被迫让权，对于我们这些旁观者来说，真是非常意外的结果。然而从这一现象当中，旁观者也该感觉到，发生在那里的一切都错综复杂，走向亦不清楚，不要天真地做一厢情愿的期盼。

似乎，国内媒体上少见关于这一刚刚发生的戏剧性事件的报道。在全球化的时代，媒体的视野本应覆盖全球，对任何一个地区的动静都保持高度敏感。即使放在八卦版面，新出炉的"卡塔尔宫廷秘事"也是吸引眼球的精彩题材嘛！时尚杂志尤其该发现，此事是把时事与时尚、情感结合起来的难得机会，能帮助女读者体会现实政治、权力与时尚、奢侈之间的勾连。从父子冲突讲起，重点推出莫扎王妃，顺便对中东北非各个国家的知名美人进行盘点,再请时尚专家逐一评讲她们每一位在自创风格样式上的短长,钻石呀高级定制呀配以沙漠、王宫的风景,这是多好的选题!